ÁMATE MAS, VIVE MEJOR

Guía práctica
para la superación personal
y profesional

DANIEL COLOMBO

ÁMATE MAS, VIVE MEJOR

Guía práctica
para la superación personal
y profesional

Colombo, Daniel
Amate más, vive mejor / Daniel Colombo. - 1a ed . - Ciudad Autónoma de Buenos Aires : Autores de Argentina, 2019.
358 p. ; 20 x 15 cm.

ISBN 978-987-761-941-6

1. Autoayuda. I. Título.
CDD 158.1

www.danielcolombo.com
EDITORIAL AUTORES DE ARGENTINA
www.autoresdeargentina.com
Mail: info@autoresdeargentina.com
Diseño de portada: Justo Echeverría

ÍNDICE

CAPÍTULO 2. EL PODER LIMITANTE DEL EGO

CAPÍTULO 3. ATRAVESANDO LOS DESAFÍOS

CAPÍTULO 5. RECURSOS PARA VIVIR MEJOR

PRÓLOGO

Sea que quieras conocer y dedicarte incondicionalmente a tu propósito de vida, desees recorrer el camino de la asertividad viviendo en armonía, anheles encontrar herramientas efectivas para poder amarte con tus fortalezas y debilidades, o bien, busques transcurrir tu existencia con plenitud; entonces, las hojas de este libro las escribí para ti.

"Amate más, vive mejor" te ayudará a descubrir capacidades únicas para tu travesía. Aprenderás a mejorar tu autoestima, superar las limitaciones del ego y de las creencias que te menoscaban, avanzar sobre los desafíos que aparezcan en tu ruta, motivarte para comenzar cada día de tu vida, y hacerte de recursos para vivir mejor.

Acceder a leer estás páginas significa realizar un profundo viaje por tu interior. Implica decidir que trabajarás para sacarte el peso que traes sobre tu espalda, sanar los dolores que aquejan tu cabeza y llenar de vida tu motor, tu corazón.

Te invito a que caminemos juntos para saber ¿Quién eres? ¿Dónde estás? y ¿Cómo mejorarás para poder avanzar y disfrutar de tu vida?

Si continúas leyendo quiere decir que deseas comen
cambiar y tomar las riendas de tu vida. Aquí conoc
los factores tóxicos que conviven silenciosamen
relaciones que impiden que crezcas y las er
nantes que te rodean y aumentan el rie
tu quehacer cotidiano.

Si lo intentas, pero crees que es difícil, felicidades. Hay muchas personas que tienen temores de vivir mejor y amarse más.

El proceso para ser feliz comienza hoy, aquí. Estaré guiándote con ideas prácticas, para que puedas alcanzar tu mayor estado de plenitud y paz interior.

Gracias por esta oportunidad de acompañarte.

Daniel Colombo

Capítulo 1

Cómo mejorar tu autoestima

CÓMO TENER UNA MENTE GANADORA

Como en todos los aspectos de la vida, hay cinco ingredientes indispensables para obtener el éxito: **la pasión, el entusiasmo, el optimismo, la fortaleza interna y la perseverancia**.

Las personas ganadoras son aquellas que se arriesgan y van por sus sueños y metas; que conquistan los objetivos, y, a la vez, que tienen la habilidad, innata o adquirida, de fortalecerse cuando algo no sale tal lo planificado.

Lo que sí tienen en común es una mente ganadora. El cerebro, con sus dos hemisferios, acciona lo que la mente le ordena. Es especialista en conectar las redes neuronales para producir el resultado que se le ordena. La mente es quien dirige la acción, determina el nivel de participación de cada persona en la experiencia que se está buscando, y diseña la estrategia apropiada, naciendo del interior y no sólo guiada por los impulsos externos.

Por lo que hay personas verdaderamente notables en haberse convertido en ganadores, en cualquier campo y sin importar lo que signifique "ganar" para ellos. Desde una madre decidida a ser la mejor en lo suyo, hasta un deportista de elite, un hombre de las finanzas, un filántropo, un artista de prestigio mundial, o un científico notable que produce aportes invaluables para el mundo. Todo surge de una mente ganadora.

Los 8 rasgos de una mente ganadora

Vivir, pensar, sentir y actuar bajo la guía de una mente ganadora es un trabajo arduo y permanente, las 24 horas, todos los días. De allí que muy pocas personas lo logran; y quienes lo hacen, se destacan frente a los demás.

Estos son los ocho rasgos que tienen en común, que los distinguen por sobre la media:

Metas claras. Son sumamente precisos respecto a los objetivos a lograr; dedican un buen tiempo a diseñar su propósito, y a ajustar cualquier cosa que los saque del rumbo. Evalúan permanentemente su desempeño, no comparándose con otros, sino con ellos mismos. Poseen un alto estándar de excelencia en todo lo que hacen.

Autoconfianza. Las personas de mente ganadora confían en si mismos y en su potencial. Incluso cuando están nadando en aguas desconocidas e inciertas, confían plenamente en su capacidad para aprender, desarrollarse y, quizás, conquistar el siguiente escalón hacia lo que se proponen. Se rodean de personas entusiastas que los estimulen, y dejan de lado a los mediocres y oportunistas que puedan distraerlos de su objetivo. Suelen tener mucha tolerancia a la frustración, decepción y al fracaso, de los que se reponen rápidamente. Saben que podrían ser traicionados y envidiados, y que esto forma parte del juego de la vida.

Autoimagen positiva. La autoimagen es la representación interna de quién eres y qué quieres cuando te miras al espejo. La gente de mentalidad ganadora puede ver más allá, saben auto observarse con profundidad, potenciar lo bueno y mejorar lo que aún les falta.

Autoconsciencia. Mantienen un nivel de energía muy alta todo el tiempo, por lo que tienen una mayor consciencia acerca de cómo están, en cada momento. Pueden tomar decisiones que, aparentemente, serían poco meditadas. Sin embargo, suelen ser plenamente conscientes de sus implicancias, y, aún en el riesgo que ello implique, lo asumen como forma de ir directo hacia la meta. Tienen sus rutinas para momentos de desconexión total, de acuerdo a su personalidad: hacer deporte, estar el mayor tiempo posible con la familia y con amigos de la vida, pasar tiempo en la naturaleza, meditar y leer forman parte de su agenda.

Fortaleza interna. Cualquier logro se basa en una mentalidad ganadora. Este principio lo han adquirido a base de ensayo y error, ya que, por lo general, la educación convencional no apoya la estructura emocional, sino, apenas, da intelectualidad o conocimiento enciclopédico. De forma tal que las personas de mente ganadora saben lo que necesitan activar dentro para auto propulsarse sin desviarse del objetivo.

Autodeterminación. Se afirman permanentemente en su fortaleza y no en sus debilidades. No se victimizan y van al frente sin descuidar que puede haber otros a los que les cueste seguirle el ritmo. También son hábiles y rápidos en la toma de decisiones, rasgo que deja sorprendido al entorno. Hay cierta velocidad inusual en el procesamiento de mucha información dispersa; saben conectarla y darle sentido, para encauzarla a favor de su meta.

Autovaloración. Este rasgo de las personas con mente ganadora se basa en confiar en que cuentan con todos los recursos necesarios para salir adelante, incluso cuando no se sabe cómo seguir, o ante fracasos. Sin embargo, aprecian su esfuerzo, se reconocen, son agradecidos y constantes en la consecución de su meta.

Autodisciplina. Cuando se comprometen, van a fondo. La clave de su desenvolvimiento virtuoso es una precisa autodisciplina, entendida como la dirección permanente para alcanzar lo que buscan. La pasión es el combustible para sus extensas jornadas, y saben detenerse a tiempo para cargar las pilas. Son decididos y es raro que titubeen al definir cuestiones cruciales. Tienen una buena relación con el factor riesgo/oportunidad. Suelen ser ordenados, o rodearse de personas que los ayuden en su alto desempeño, para focalizarse en ese caso a lo que más placer les produce y lo que mejor saben hacer.

Por esto, estas personas tienen un desarrollo emocional y cognitivo capaz de superan una de las mayores limitaciones humanas: el miedo.

FUIMOS EDUCADOS PARA SENTIR MIEDO. ¿QUÉ HACER?

El miedo es una sensación de angustia, en distintos grados, provocada por la presencia de un peligro real o imaginario. El estado interno que genera inmoviliza y genera trastornos de distinto tipo a las personas que lo padecen.

En otros aspectos, el miedo es una de las mayores limitaciones humanas, puesto que casi todo lo que quiera proponerse un ser humano tiene una cuota de riesgo, lo desconocido y el resultado incierto, que se asocia frecuentemente con la emoción del miedo.

Desde que nacemos hemos sido inculcados para sentir miedo, en vez de afianzar nuestro coraje, determinación y valor.

¿Por qué? Por aspectos culturales, de descendencia, por tendencia a la sobreprotección -que nada tiene que ver con el cuidado y la afectividad bien entendida- y por la necesidad de control.

El miedo como mecanismo de control humano

"No cruces la calle que te va a pisar un auto", "No hagas eso", "Si haces tal cosa vendrá el hombre de la bolsa" (o como se llame en tu país), "Cuidado que lo vas a romper", "Ni loco se te ocurra hacer eso que es arriesgado", "Te voy a poner en penitencia", "Por mi culpa, por mi culpa, por mi gran culpa" -dice la iglesia católica-, "No estamos para más malas noticias", "Eres mujer y las mujeres no hacen eso", "El hombre es fuerte y no debe llorar aunque tenga pánico", un reto desmedido, castigos físicos, verbales y emocionales: todo esto va erosionando de a poco tu estructura psíquica, y se convierte en un monstruo alimentado desde afuera hacia dentro, y, luego cuando ya tienes consciencia propia, desde adentro hacia fuera.

Así que es posible que te hayas acostumbrado a vivir con miedo. Desde el temor leve a cosas sin sentido, hasta aquellos que te inmovilizan y no te permiten alcanzar tus proyectos.

El miedo protector y el miedo limitador

Hay una diferencia entre el miedo protector y el miedo limitador.

El primero busca cuidarte y protegerte ante posibles contingencias o daños a la integridad física, moral y emocional; el segundo, busca controlarte. Es posible que hayas sentido con más contundencia el segundo que el primero, sobre todo si vienes de una familia de origen que no supo cómo darte las bases de una estructura equilibrada.

El miedo limitador quiere que hagas lo que el otro considera que es mejor para ti; anula tu discernimiento; no permite que crezcas ni te desarrolles en libertad, y genera ataduras tan fuertes que, de adulto, sigues repitiendo esos mismos patrones, incluso en forma inconsciente.

El "miedo bueno"

En las sociedades prehistóricas hubo una concepción del miedo como algo positivo, ya que permitía a los seres humanos protegerse de los depredadores y prevenirse del clima. Podría decirse que un cierto temor acompaña el espíritu de supervivencia innato en los humanos y los animales.

En cambio, el terror (el miedo exacerbado y extremo con el fin de generar pánico y control absoluto para dominar al otro), es usado por faraones, tiranos y dictadores hasta el presente. Incluso si estudias el tema de los dioses de la mitología griega, observarás que es un rasgo distintivo.

El concepto del pecado, tan frecuente en corrientes religiosas dogmáticas, va en el mismo sentido.

El cerebro, tu aliado

Como el cerebro no distingue entre lo que es el dolor de las emociones o el dolor físico, tampoco diferencia los temores. Debes saber que, para sobrevivir, activas los mismos circuitos cerebrales del dolor y el placer. Por eso es que quizás estés conviviendo con el miedo permanente al miedo mismo.

Hay una definición de lo que es el miedo, para entenderlo más rápidamente. "Miedo", en inglés, se dice "Fear".

F = Fantasía

E = Expectativa

A = Aparentemente

R = Real

El miedo que aborda este apartado es ese que te impide avanzar; el que te inquieta, te limita y circunscribe tu vida a un pequeño nicho, casi como el de tu parcela en el cementerio.

Entonces, el miedo es, en un sentido estricto, una construcción interna, una fantasía acerca de una expectativa (sobre cómo deberían ser las cosas, o cómo se van a dar los acontecimientos) aparentemente real (porque aún no ocurrió). Es una proyección interna que te limita a obtener algo, dentro y fuera tuyo.

Estrategias prácticas para atravesar los miedos

Ser valiente no significa no tener miedo: es moverte hacia adelante, atravesando el miedo.

Observa cuando el miedo te paralice: ¿qué podría pasar si todo resulta bien? ¿Qué estás arriesgando en este paso que te produce miedo?

Crea un entorno de contención: habla de tu miedo, de lo que te limita, y pide ayuda. Esta red te apoyará y el camino será más llevadero.

Recuerda la última vez que postergaste algo por miedo: ¿cómo resultaron las cosas después observando aquello en perspectiva? ¿Qué aprendiste?

Recuerda alguna vez en que hiciste algo a pesar el miedo: ¿cómo te sentiste? ¿Era ese miedo tan grande como lo imaginabas? ¿Qué destrezas aplicaste?

Mantén en mente tu gran plan: es un muy buen impulsor, ya que todo lo que anhelas está más allá del miedo. Y el objetivo de esta emoción limitante es, precisamente, que te contraigas y no lo hagas. Hazlo dc todas maneras; incluso, hazlo con miedo.
No analices tanto las cosas y actúa: da pequeños pasos para alentarte a seguir; verifica cómo te sientes en cada minimeta del proceso, y recién ahí, enlaza la siguiente.
Déjate guiar por tu intuición: el conocimiento natural, eso que ya sabes que sabes internamente, aunque no seas del todo consciente, te dará buenas respuestas. ¿Qué tal seguir ese instinto?
Elimina las palabras negativas de las que se alimenta tu miedo: "Pero...", Es que...", "No es el momento...", "El día que... haré tal cosa...", sabes que son cuentos que tu mismo te relatas para no hacer lo que quieres. Hazlo. Ponlo en marcha hoy mismo. Pequeños pasos microscópicos hacia tu meta.

Una vez que lo has hecho, ya sabrás como repetir este nuevo escalón de aprendizaje la próxima vez. Así te convertirás en tu mejor maestro, y no en el esclavo de tus miedos.

Al mismo tiempo, vivir a la merced del miedo te hace permisible a lo que dicen o hacen los demás. De esta manera, ¿Sientes que los demás tienen mucho poder sobre ti? ¿Permites que las acciones de otros te manipulen de alguna forma? Es posible que tengas rasgos influenciables.

7 CONSEJOS PARA DEJAR DE SER INFLUENCIABLE

El entorno nos modifica. Somos seres sociales, y el intercambio con los demás impacta en nosotros. Dice Jim Rohn, empresario, orador y autor norteamericano: *"Eres el promedio de las cinco personas con las que más pasas tu tiempo"*. Es así como vas formando parte de tu personalidad, que es la forma de accionar en el mundo.

Si te reconoces como permeable a lo que dicen, hacen o indican los demás, es posible que puedas identificarte con estos rasgos:

- » Te importa demasiado la opinión de los otros.
- » Muchas veces evitas tomar decisiones por cuenta propia.
- » Te sientes afectado emocionalmente cuando alguien expresa algo que no te gusta acerca de ti.
- » Haces cosas por obligación.
- » Utilizas mucho las expresiones "tengo que…" o "debo…".
- » Sientes que hay mandatos inculcados desde tu infancia que aún hoy te dominan.
- » Quieres agradar a toda costa, aunque sufras.
- » No tienes opinión propia, sino que imitas las de los demás.
- » Sueles ocultar información o mentir en distintos grados para caer bien.
- » Permites que los medios de comunicación y personas a quien das poder, implanten ideas y creencias sobre ti.

» Te disculpas todo el tiempo, por ejemplo, cuando expresas algo que -desde tu perspectiva, y aunque fuese verdad para ti- podría molestar a otro.

Si has respondido afirmativamente a por lo menos tres de estos parámetros, quizás debas considerar empezar a fortalecerte para dejar de ser influenciable.

¿Fuerte o débil?

Según muchos estudios científicos, hay distinto tipo de personalidades. Entre ellas, las fuertes, y también las débiles.

Las personas con alta posibilidad de ser influidas más rápidamente por el entorno (familia, amigos, compañeros de trabajo, medios de comunicación, líderes políticos) son aquellos que tienen miedo de expresarse tal cual son.

Es un proceso interno que remite a cierto grado de sometimiento, y que puede tener sus raíces en la primera infancia. Cuando en la familia se ha evitado construir la independencia de opinión, se acalló la voz propia del niño o niña, y se han inculcado valores en forma conductista para que esa persona siempre proceda de distinta forma, es posible que, a lo largo de la vida, aparezcan estos rasgos de debilidad en el carácter. Incluso se conocen muchos casos de personas que desarrollaron una timidez y una inhabilidad para expresar sus ideas y hacer valer su libre albedrío luego de episodios traumatizantes, como el abuso de cualquier tipo, familias disfuncionales, agresiones y entornos de violencia.

Como se trata de un proceso inconsciente y que ha sido construido a lo largo de toda la vida, necesitará de la ayuda de un psicoterapeuta para procesarlo y reconducirlo a un sentido de mayor independencia de criterio, para recobrar algo sumamente valioso en la construcción de la estima personal: la voz propia.

El efecto social y de los medios

Por otro lado, el mundo contemporáneo alienta el implante de ideologías en formas sutiles... y no tanto. El marketing, la publicidad, las noticias en los medios de prensa, la política, las ideologías, la religión, son formas de implantación de conceptos que, si no estás atento, pueden dejarte atrapado sin que te des cuenta.

Como funcionan en diversos niveles combinando la razón con emoción, se produce un efecto de rapidez en la asimilación, para que otro de personalidad débil lo asuma como "su propia voz".

Es frecuente escuchar que alguien expresa: "A mí me gustaría opinar con las palabras exactas tal como lo dijo tal persona", evitándose así el proceso del pensamiento propio y crítico acerca de las cosas.

Esta secuencia no tendría nada de malo si, en verdad, la opinión propia fuese exactamente igual a la que se escucha, luego se capta y la persona repite. Sin embargo, en los influenciables, este proceso no tiene filtros: entra directamente, y la persona lo hace una verdad para sí, y desde ella opera en el mundo.

Como consecuencia, se daña la autoimagen (que es la representación acerca de uno mismo). El resultado es el exterminio de la autoestima y la pérdida de sentido, al no tener opinión propia.

Los regímenes totalitarios de cualquier índole utilizan estas técnicas para lavar el cerebro y la capacidad de análisis de las personas, combinando herramientas poderosas, como son la replicación en cadena de mensajes conductistas, para, literalmente, dominar a las masas. La principal legión de fanáticos (de políticos, religiones, o cualquier otro movimiento) se nutre principalmente de personas influenciables.

7 consejos para dejar de ser influenciable

Si te sientes entrampado en realidades que no concuerdan con lo que sientes y piensas en verdad, es posible reconquistar tu libertad personal. Estos consejos pueden ayudarte:

Empieza a razonar por ti mismo.

Para muchas personas plantarse frente a la vida y mirarla de frente los coloca en una posición intimidatoria. Los asusta el ser quien son. El razonamiento es la capacidad mental de determinar qué es importante para ti, tus valores y poner en palabras internas eso que quisieras decir. Si has sido influenciable toda tu vida llevará algún tiempo, aunque vale la pena empezar el proceso.

Toma consciencia del problema.

Darte cuenta es el primer paso para empezar a salir adelante. Tienes el derecho humano universal de ser quien eres, con tus propios pensamientos; y nadie puede imponerse sobre ti. Tampoco busques agradar a todos: siempre habrá gente a la que no le caerás bien, y derrocharás una energía valiosa que puedes volcar a aspectos tuyos más constructivos.

No des todo por sentado.

Una herramienta fundamental para dejar de ser influenciable es entrar en estado de pregunta permanente sobre todas las cosas que escuchas, o mensajes que recibes. No eres responsable por los mensajes que te llegan, pero sí lo eres al ciento por ciento sobre lo que eliges hacer con esos contenidos. Frena: no aceptes las cosas a la primera. Piensa, procesa internamente, elabora tus propias respuestas. Esta condición de la duda permanente es fundamental.

Aplica el pensamiento crítico.

Relacionado con lo anterior, este tipo de proceso mental implica que tomes distancia de la situación en la que estás implicado, para mirarla en perspectiva; analizar desde diferentes costados; y sacar tus propias conclusiones.

Descubre fuentes alternativas de información.

Cuando los medios de comunicación transmiten sus contenidos siguen lo que se llama “línea editorial”, que es la forma de relato en que quieren mostrarte recortes de lo que pasa en el mundo. Ante cualquier situación que veas en la prensa, o en tu vida de relación con otros, busca chequear la información: no consumas sólo una fuente, ya que limitas tu capacidad analítica, sobre todo en temas sensibles.

Esfuérzate en sacar conclusiones por ti mismo.
Este paso es decisivo para empezar a tener tu propia voz y proyectarla al mundo. Haz el esfuerzo interno de pensar, y no dejar que otros lo hagan por ti.

Entrénate en compartir opiniones que provengan exclusivamente de tu propia construcción.
Al final del camino, paso a paso empezarás a decir, actuar y sentir de una manera más congruente con quién eres en verdad.

Quizás tapaste tus ganas de opinar sobre distintos aspectos por miedo al rechazo, o por timidez auto impuesta, o censura de los demás. Es tiempo de que te des el permiso de expresarte libremente. Lo mereces. Y el tiempo es a partir de ahora mismo.

En contrapartida, otro problema vinculado a la autoestima es el Síndrome del Impostor. Michelle Pfeiffer, la conocida actriz de Hollywood, declaró públicamente: "Todas las mañanas me despierto pensando que éste será el día en que se den cuenta de que soy un fraude, de que no merezco esta fama, y de que más temprano que tarde tendré que volver a atender la caja de un supermercado". Con mayor o menor éxito, nadie puede negar que es una de las grandes estrellas del cine mundial.

QUÉ ES EL SÍNDROME DEL IMPOSTOR. ¿TE AFECTA A TI?

Los científicos afirman que siete de cada 10 personas han sufrido en algún momento de su vida el "síndrome del impostor". Se trata de un trastorno que impide reconocer los logros que tienes. Pese a recibir felicitaciones, reconocimiento, títulos de estudios y elogios de cualquier especie, la persona que lo padece siente que se trata de un error, o, simplemente, de la buena suerte.

De esta forma dejan de lado el componente del esfuerzo que han puesto para conseguirlo. Algunos ejemplos:

–¡Qué bien te queda esa ropa!

–Debe ser que me la prestó mi hermana; a ella sí que todo le queda bien.

–¡Te felicito; has hecho un muy buen informe!

–Habría que felicitar a Alejandro; él sí que sabe hacerlos bien.

–Me enteré que estás elegido para ser promovido a Gerente. Te felicito.

–Dudo que lo consiga; hay muchas personas mejores que yo y tú sabes cómo es eso...

–¡Qué bien sabe esta comida!

–¡No digas eso! Junté las sobras de lo que quedaba; es raro, porque a mí no se me da bien cocinar.

¿De dónde surge este síndrome tan frecuente? Por lo general, afecta a millones de hombres y mujeres sin importar los cargos que tengan. Nace de una profunda preocupación por no ser capaces como creen; y lo que es peor: no se sienten merecedores de lo que han conquistado en sus vidas.

Esta actitud, que puede ser confundida con falsa modestia, encierra algo mucho más profundo: es el sentimiento y pensamientos continuos de no estar a la altura, ya que internamente, piensan que todo lo que hacen se debe a factores externos, y no a sí mismos.

En el libro "Cómo superar el síndrome del impostor", su autora Aida Baida Gil partió de su propia vida, y concluyó en que las personas que lo sufren "tienen la sensación de no estar nunca a la altura; de no ser lo suficientemente buenos, competentes o capaces; de ser impostores, un fraude". Y agrega: "Tuve esa sensación durante toda mi carrera científica. Pensaba ¿qué hago yo aquí? Después me di cuenta de que le sucedía a mucha más gente, especialmente en profesiones en donde la competencia es muy alta".

Si bien es algo que puede durar toda la vida, es en determinadas etapas donde recrudece, y limita la autoestima; la mella y la carcome, ya que al no sentirte merecedor de lo que has logrado, piensas que es injusto que se te reconozca por ello. Hay muchos casos de actores famosos de Hollywood, ganadores de Premios Oscar y otros reconocimientos, que lo padecen.

Las causas

Algunas veces esto encuentra su origen en la infancia, donde había dinámicas familiares disfuncionales; es el caso cuando se pertenece a una familia donde alguno de sus miembros era reconocido por su inteligencia, o si eras sometido bajo presión a tener buenas calificaciones.

En cuanto a estereotipos sexuales, como afecta a ambos géneros por igual, se lo asocia a la presión que sienten las mujeres por ser madres y profesionales al mismo tiempo, y el exceso de responsabilidades. Conceptos como el de la "Mujer Maravilla" afectan de sobremanera a quienes lo padecen. En los hombres, el esfuerzo por sobresalir y hacerlo bien, hace que se distorsione el termómetro del logro personal.

También se han analizado las diferencias salariales; en este caso, el mundo aún es dispar entre mujeres y hombres en muchísimos ámbitos. Así es que puede ser una causa en las que ellas se sientan disminuidas inconscientemente.

Para los que padecen el "síndrome del impostor", el significado de lo que es el éxito, la competencia, el trabajo y el ser profesionales suele estar distorsionado. Hacen grandes esfuerzos para conseguir resultados, y luego no pueden capitalizarlos como una compensación de su entrega.

En definitiva, se trata de una forma de miedo encubierto, ya que el despliegue del logro es muy visible; sólo que quien padece este trastorno no logra aceptarlo ni reconocerlo. Son frecuentes las historias de muy buenos alumnos, con excelentes notas, y que, sin embargo, se sienten insatisfechos por eso. O de modelos de pasarela exaltadas por su belleza, y ellas, sin embargo, se sienten feas y no logran ver lo bueno de su desempeño.

Especialistas en psicología han estudiado el tema, y lo relacionan con lo que se denomina Pesimismo Defensivo (PD). Afirman que esta actitud y el Síndrome del Impostor (SI) tienen dos cosas en común: la existencia de dudas acerca de la propia habilidad, el miedo al fracaso y el mantenimiento de unas bajas expectativas de resultado, todo ello a pesar de una importante historia de éxitos.

Cómo proceder

Si eres de las personas que no soportan ser reconocidas, ni destacadas, y que todo el tiempo estás recriminándote que nunca es suficiente lo que has hecho, por más que los resultados afirmen lo contrario, estos cuatro puntos pueden ayudarte:

» Di simplemente: "Muchas gracias". Y nada más. Restringe todo pensamiento negativo o limitante que quiera asomar.

» Lleva un registro escrito de todo lo bueno que te han devuelto los demás; reléelo frecuentemente para afianzar tu confianza interna.

» Pide lo que consideras que mereces. Al reforzar el merecimiento, estás trabajando internamente en tu estima personal. Es por esto que muchas personas prefieren no correr riesgos y se quedan estancados.

» Cuida tu estrés. Como muchas veces postergas tu tiempo personal y otras cosas, por cumplir y hacer mucho más de lo esperado (según tu medida interna), puedes tender a excederte, y la salud te pasará factura. Si piensas que tu éxito se debe al trabajo duro y no a tu talento, ya sabes lo que puedes cambiar.

En relación con este trastorno que impide reconocer los logros personales, existe una última problemática que debilita nuestra autoestima: el autosabotaje.

QUÉ ES EL AUTOSABOTAJE Y CÓMO SUPERARLO

¿Has escuchado eso de "profecía autocumplida"? Es una de las formas de autosabotaje: deseas tanto algo, aunque, en un nivel inconsciente, te esfuerzas por esquivar ese gran logro. Muchas veces te das cuenta de que algo funciona bien, y, sin embargo, insistes en autosabotearte.

Si bien hay muchos aspectos del entorno que pueden influir, la determinación del sabotaje es interna y depende de cada persona. Se trata de una forma de poner obstáculos para lograr tu más alto anhelo y lo que haces es manipularte en negativo.

La pregunta entonces es: ¿por qué me autosaboteo, si he trabajado tan fuerte en algo y lo deseo con tanta intensidad? En pocas palabras, porque le esquivas a la responsabilidad de tus actos y a la necesidad de que te conozcas muy profundamente (incluyendo tus partes oscuras).

Tiene sus ventajas aparentes

Como los seres humanos hacemos todo para lograr un beneficio -incluso lo que no nos gusta- hay ventajas ocultas detrás de esta actitud. La mas evidente es que no quieres salir de tu zona dc confort. Otras son mecanismos de defensa donde parece que quieres (pero no quieres en verdad) sentirte expuesto, anticipar procesos dolorosos, o el miedo a lo desconocido.

Algunos detonantes

El autosabotaje se presenta por lo general en personas con baja autoestima; que no se han analizado lo suficiente. Personas desconectadas con su ser interno, que tienen problemas para establecer prioridades, y, mucho más, para decir que no. Es frecuente que niños sometidos a mucha presión, burla, bullyng o donde no han podido desarrollarse convenientemente, sean adultos auto saboteadores.

También contribuye la falta de seguridad en sí mismo, el miedo al qué dirán o verse expuesto en situaciones indeseadas, conflictividad mental interna, la propia necesidad de mantenerse a la altura de las expectativas -propias y ajenas- o el tener que asumir objetivos que imponen terceras personas, y lo haces por obligación -no por convencimiento-.

Ejemplos de autosabotaje

No cumplir con tus acuerdos: buscas sufrir, porque esto siempre trae consecuencias.
Permanecer fijado en la opinión de los demás: evitas mirarte hacia dentro.
Ponerle atención al entorno y dejarte manipular: asumes que otro tiene el control de tu vida.
Dejar todas las cosas por la mitad: desistes cuando estás a punto de concluirlo.
Postergar: piensas que las cosas se arreglarán por sí solas.
Falta de velocidad para definir objetivos: inventas excusas para dilatar y no asumir riesgos.
Perfeccionismo: pensar que, si no es perfecto, no tiene valor. La perfección no existe en este plano físico: apenas podemos aspirar a la excelencia.
Poner excusas e inventar historias: pierdes el tiempo y piensas que los demás no se dan cuenta.
Pensamiento mágico: es loable creer y practicar lo que elijas; aunque si deseas resultados necesitas moverte. El "Si sucede, conviene" no aplica siempre para cuando te auto saboteas.
Fantasear en negativo: por miedo, inhibición o cualquier otro estado inconsciente, frenas toda oportunidad de éxito.

La única clave para dejar de auto boicotearte es trabajar en tu interior. Inicia una psicoterapia con un excelente profesional; toma cursos y seminarios para conocerte mejor; busca un coach experimentado que te acompañe en el proceso; comparte tus logros; fíjate metas razonables para ti, y disfruta ir conquistándolas paso a paso. Estas herramientas te permitirán recobrar la autoconfianza y trabajar el mcta programa de éxito que todos tenemos... sólo que algunos se dedican a boicotearlo.

Ahora, estamos preparados para comenzar a trabajar en los pensamientos sanos y estimulantes. Para muchas personas mantener se ha convertido en un desafío. Están dominados la mayor parte del tiempo por pensamientos negativos, que son aquellos que limitan su potencial, enferman, provocan ansiedad, dudas, miedos, quejas y no permiten disfrutar de la vida. Por esto, es importante saber cómo cambiar pensamientos negativos a positivos.

CÓMO CAMBIAR PENSAMIENTOS NEGATIVOS A POSITIVOS

Según estudios científicos, los seres humanos tenemos al día unos 70.000 pensamientos, y según la revista New Scientist, en total cada ser humano puede pensar hasta 1080.000.000.000.000 cosas a lo largo de su vida, una cifra superior a la de todos los átomos que hay en el universo.

Cuatro creencias básicas para empezar a cambiar

Los pensamientos crean estados de consciencia; y esos estados de consciencia se manifiestan en la realidad. Por eso, si no estás obteniendo resultados favorables en la vida, empieza a considerar la posibilidad de cambiar de raíz tus pensamientos. Estas son cuatro creencias básicas para encarar este proceso.

No eres tus pensamientos. Los pensamientos son una forma de elaboración e interpretación de tu realidad. Lo que sucede es que muchos seres humanos tienden a pensar que "son eso" que está en su fantasía, y como resultante es justamente lo que van cocreando en el exterior.

Revisa tus creencias y paradigmas. La forma en que te representas el mundo, el rol que ocupas, tus sueños y anhelos más profundos, se basan en cadenas de creencias, que surgen de la forma en que has convivido en los primeros seis o siete años de vida. Muchas personas mantienen esto como leyes inamovibles, aunque haya cosas inculcadas que ya no tienen sentido en su vida actual. Toma consciencia y cambia todo lo que no te funciona.

El cerebro es tu aliado. No eres un robot programado para actuar siempre de determinada forma. El cerebro tiene neuroplasticidad y es como un músculo que puedes entrenar para que juegue a tu favor.

Te dices todo el tiempo que eres así y no puedes cambiar. Este es un procedimiento basado en la comodidad y cierto aire de victimización. El cambio profundo y de raíz hacia algo mejor requiere dedicación y entrega permanente. Si asumes el reto, en pocos meses podrás transformar los aspectos disfuncionales de tu vida.

5 pasos para cambiar de pensamientos negativos a positivos

Como en todo proceso, es necesario practicar y practicar hasta tener el dominio de las herramientas aquí propuestas. Si te sirven, adóptalas para modificar tus pensamientos recurrentes.

1. Sé tu propio detective del comportamiento. Si estás atormentado por pensamientos negativos, sabes que tendrás la tendencia a ver todo aquello que se emparente. El cerebro hace "calzar" los estímulos exteriores con lo que generas desde afuera. Ejemplo en negativo: Estoy triste porque este es un mundo cruel (y verás muchas personas tristes alrededor). ¿Qué hacer? Practica la observación natural. Un ejemplo: si quisieras comprar un auto rojo de determinada marca, es posible que empieces a ver muchos vehículos así casi de inmediato. Si estás embarazada, comenzarás a registrar en primer plano a las mujeres en la misma situación. Así funciona el cerebro, en positivo y en negativo. Tú lo creas, y lo que ves reflejado es producto de tu propia creación -de nadie más-.

2. Escribe lo que piensas y trabaja con este material. Empieza a registrar todos los pensamientos que tienes en dos columnas, positivos y negativos. Anota cada palabra donde corresponda. Al final del día, pon el opuesto, o conecta los negativos con una flecha hacia la columna de pensamientos positivos. ¿Qué relación tiene? De esta forma estarás llevando al cerebro a establecer una sinapsis más propositiva a tu favor, y, en el tiempo, será así como empezará a funcionar.

3. Busca puntos de plenitud y felicidad en tu vida diaria. Independientemente de los hechos de la vida, los seres humanos somos interpretativos; le ponemos la potencia emocional que nos sale en cada momento. Cuando estés en situaciones negativas, haz el ejercicio consciente de buscar lo bueno. Siempre hay algo, incluso en los desafíos más desalentadores. Crecen flores en medio del desierto; así que lo bueno, noble y positivo también está en tu interior (sólo que en ese momento quizás no puedas verlo claramente). Registra en forma tangible estos momentos de plenitud y felicidad. Una buena forma es hacer tu lista de las cosas por las que das gracias al comienzo y al final del día.

4. Traduce a lenguaje positivo tus palabras negativas recurrentes. Ejercicio simple y poderoso para empezar: elimina el "pero..." y reemplázalo por "y..." Esta fórmula te permitirá ampliar tu círculo de posibilidades sobre las cosas y situaciones. Las palabras crean estados internos que luego traduces en realidades. Hazlo también con aquellos términos que usas y que restringen tu expansión.

5. Dos preguntas para hallar respuestas a (casi) todo lo que te preocupa. Por cada dilema que te sumerge en un estado de pensamiento negativo pregúntate cinco veces seguidas "¿Por qué?", como pelando las capas de una cebolla. Cada respuesta te lleva a un nivel más profundo. Si quieres encontrar el propósito de algo, y no puedes visualizarlo rápidamente, ensaya cinco veces seguidas con "¿Para qué?". Verifica si llegas a una profundidad mayor a medida que repites este patrón. Al darle sentido, resignificas tus pensamientos negativos iniciales, y puedes conectar mejor con los positivos o, al menos, más conducentes para atravesar el estado en el que ves que no hay salida.

Por esto, las emociones son el termostato a través del cual percibimos y accionamos el mundo. Irrumpen en todo momento, ya sea promoviendo momentos de dicha, bienestar y felicidad, y también, de tristeza, desazón, depresión, angustia y sufrimiento.

¿De qué depende la regulación de las emociones? ¿En qué forma la actitud personal las determina? ¿Es posible controlarlas?

9 FORMAS DE EQUILIBRAR TUS EMOCIONES NEGATIVAS

A partir de siglos de estudios de las emociones humanas, los expertos han coincidido en que lo que verdaderamente determina tu gestión emocional, es la forma en que reaccionas ante lo que te pasa, y no el hecho en sí mismo.

Esto significa que tu interpretación de las emociones puede cambiar la forma en que las vives.

En otras palabras: la forma de tu accionar en concreto frente a los acontecimientos que despiertan emociones, va a condicionar directamente tu actuación.

Para comprender este concepto, sencillo y sutil al mismo tiempo, van estos ejemplos, sin que sean concluyentes, ya que la conducta humana no es una ciencia exacta y depende de los contextos y de cada estructura de la personalidad:

¿Por qué dos deportistas que pierden el mismo evento en el

que participan, pueden accionar de formas totalmente opuestas? Por su elección consciente de cómo encarar la situación del triunfo frustrado.

En una misma familia, cada miembro acciona de una forma diferente frente a la pérdida de un ser muy amado por todos. ¿Por qué? Por la configuración interna del mapa emocional que se hace individualmente, que determina la forma de resignificar este duelo.

¿Qué pasa en el caso de una persona que pierde su empleo y no logra reinsertarse; frente a otra que, siendo del mismo nivel y aún con menos experiencia, ¿puede hacerlo en poco tiempo? Su autodeterminación y el sentido de autovaloración, el meta programa interno del éxito y la actitud con la que afronta la situación.

El cerebro tiene amígdala

Ningún ser humano puede evitar sentir emociones, ya que cumplen una función de evolución, y marcan escalones en el sentido de supervivencia frente a lo social y a los entornos.

En el cerebro hay un pequeño órgano llamado "amígdala" que es la parte que dispara las emociones. Lo hace en respuestas automáticas, por ejemplo, sacando tu lado agresivo o de escapar cuando aparece una amenaza. Por eso el controlar las emociones suele ser tan difícil de controlar: hacerlo, sería anular esta respuesta con la que venimos programados.

Cuando las personas son emocionalmente vulnerables, suelen vivir atemorizadas y preocupadas incluso por situaciones que no existen. Algunas manifestaciones concretas son la ansiedad (por algo que aún no ocurrió), se desconectan y se marchitan (depresión), el estrés (con su imposibilidad de poner límites, por ejemplo, al cuerpo físico extenuado por el cansancio extremo) o la tristeza (cuando no se logra resignificar un hecho de cualquier tipo, para transformarlo en aprendizaje).

Cómo reconducir las emociones

Si bien no es posible controlar las emociones, sí es factible reconducirlas para crear una respuesta diferente de la amígdala, que dote de significado y trascendencia, aprendizaje e internalización, de cada situación que te impacta emocionalmente.

Algunas formas de ejercitar esto:

Reconocer y anticipar: por lo general, hay pequeños indicios o signos que anticipan un desencadenante que se puede reconducir hacia algo más positivo, sin anular la emoción de base (ya que el sentirlas es parte de la condición humana). Lo que ayudarás a cambiar es la respuesta automática.

Elaborarlas: a veces en solitario o con ayuda profesional, encontrar el significado de base es sumamente útil para seguir aprendiendo y transformándote en un ser humano más maduro e integro.

Procesarlas: dar espacio para la reflexión profunda y honesta, para, desde allí, hacerte preguntas poderosas y esenciales, y así, reconducirlas hacia un mejor resultado.

Encuadrarlas: gran parte del desequilibrio emocional parte de la incapacidad de poder categorizarlas, por el cúmulo de sensaciones que implican. Una teoría reciente explica que existen 4 tipos de emociones básicas, que disparan sentimientos más complejos: miedo, enfado, tristeza, alegría. Si puedes encuadrar lo que sientes en alguna de estas categorías generales, es más sencillo el camino de encontrar la luz para esclarecerlas y activar estrategias de afrontamiento.

Recuerda:
La tristeza dura hasta 4 veces más que la alegría

9 técnicas

Sin importar lo que te afecte, incluso en aquellos casos donde crees que no vas a poder salir jamás de allí, puedes aplicar y combinar estas técnicas.

La práctica continuada hará que paulatinamente disminuya la intensidad del sufrimiento; y, a la vez, te abras internamente a una mirada más enfocada en el autoaprendizaje y el significado del momento. Allí encontrarás parte del sentido.

Recuerda que no se trata de "tapar" o esconder tus emociones, ya que son uno de los motivos psicosomáticos más frecuentes que derivan hasta en enfermedades terminales. Se trata de encauzarlas de manera diferente e integrada.

Ya que vas a necesitar a travesarlas de todas maneras, lo que si puedes elegir es equilibrarlas y elaborarlas para darle un nuevo significado:

» Piensa en momentos parecidos que hayan sido puntos de referencia en tu vida.
» Intenta no focalizar sólo en lo que te preocupa.
» Haz cada día una lista de gratitud de aquellas cosas que, más allá del sufrimiento presente, también están presentes.
» Practica respiración consciente. Toma aire por la nariz y suéltalo suavemente por la boca; diez veces continuadas, varias veces al día.
» Camina en la naturaleza y toma algo de sol.
» Comparte juegos con los niños, o un buen paseo con tu mascota.
» Conversa con alguien de mucha confianza, no para victimizarte, sino para compartir tu carga siempre que el otro esté con disposición a escucharte y acompañarte.
» Transforma cada frase negativa que te digas, en forma muy consciente, en una frase con significado positivo. Por ejemplo, haz el esfuerzo de quitar el "No..." de tu autocharla negativa o tus expresiones en este periodo.
» Meditar, yoga, leer un libro estimulante, aunque al principio no puedas concentrarte; rezar y orar a lo que sientas que puedes o creas; y hasta forzarte a tener una mínima

actividad social -como ir a hacer las compras- te ayudará a reencauzar las emociones negativas.

Los resultados en cualquier área de tu vida están determinados directamente por tus pensamientos y actitud.

Cuando la vida fluye y te despliegas con esa corriente interna proactiva, significa que estás canalizando tu energía, pensamientos, comunicaciones y acciones con actitud positiva.

Por el contrario, cuando te sientes contrariado por todo, complicando la búsqueda de soluciones, no encuentras alternativas ni salidas a la vista y tu humor se enfoca más en reaccionar que en accionar, seguramente estás conectado con la actitud negativa.

CÓMO CAMBIAR EL SWITCH DE ACTITUD NEGATIVA A POSITIVA

La actitud es una emoción que eliges consciente o inconscientemente a través de la que interpretas y resignificas las cosas que ocurren; y es la herramienta básica con la que escoges cómo afrontar las situaciones o problemas.

Cambiar la actitud de negativa a positiva puede ser un ejercicio que requiere mucha práctica y consciencia, sobre todo del momento presente, ya que la inmensa mayoría de los seres humanos eligen vivir muy apegados al pasado (donde generalmente se alojan las frustraciones, decepciones y hasta depresiones) o al futuro (donde está la ansiedad).

Si aprendes a gestionar tu actitud independientemente de las circunstancias externas, esto no significará que inmediatamente vivirás siempre en positivo.

Y aquí se pone bueno el asunto, debido a que entre lo negativo y lo positivo, existe un tercer tipo: la actitud neutral, que ayudará a rescatarte cuando estás en un espiral negativo que parece interminable.

La neutralidad será de ayuda para elevarte por sobre el problema que te preocupa; te hará tomar distancia y observar, sin demasiado apego emocional, para poder encontrar mayor cantidad de información. Así, podrás disponer de otros elementos complementarios para visualizar escenarios alternativos y soluciones.

Creer que puedes

Para entrenarte en cambiar la actitud de negativo a positivo se requieren al menos estos tres recursos internos:

» Creer firmemente en que puedes.

» Decretar internamente que eliges conscientemente cambiar de actitud cuando corresponda.

» Perseverar en la práctica continuada para lograr incorporar esta destreza esencial para ser feliz y sentir mayor libertad.

Es importante resaltar que las técnicas para hacer un switch -como un interruptor de luz- de actitud negativa a positiva nada tienen que ver con desconocer el mundo emocional de las personas: se trata, más bien, de aprender a registrar dichas emociones y gestionarlas con destreza apropiada para que no te paralicen ni estés siempre dando vueltas como encerrado en una jaula de la que no te animas a salir.

6 herramientas prácticas

Aquí tienes siete herramientas prácticas que te pueden ayudar a cambiar la polaridad de tu actitud tan rápido como quieras. Habrá situaciones donde te demores más -ya que implicarán un proceso interno profundo-, y otras, donde aprenderás a no engancharte en cosas menores, y focalizar una mayor cantidad de tiempo en la actitud positiva.

1. Observa tu actitud. El proceso de ejercitación comienza con una mirada permanente, consciente y muy atenta de tu actitud en cada momento, especialmente aquellos que suelen exasperarte o sacarte de tu eje. Detecta tus emociones, los mensajes de tu cuerpo, el ritmo del bombeo de tu corazón y de la respiración.

2. Determina escenarios alternativos. Otra herramienta es que por cada desafío de tu actitud, plantees al menos tres soluciones, por las insólitas que te parezcan. El cerebro racional (hemisferio izquierdo) hará lo posible por mantenerte en esa actitud; y el blando-emocional (derecho) te ayudará a sensibilizarte con lo que vives. Es desde aquí donde articularás pequeños ajustes en el rumbo de tus pensamientos y tus emociones, hacia lo positivo, para generar un estado interno diferente. Probablemente tome su tiempo hasta que lo hagas en forma natural.

3. Detente y observa. Esta técnica es muy poderosa. Se trata de no reaccionar de inmediato con la parte reptiliana del cerebro -el instinto primitivo-, sino de darse una tregua para observar la situación.

4. Conecta con tu respiración en forma consciente. Controlando tu ritmo respiratorio haciendo algo de relax mental, saliendo del foco del problema por unos minutos, y oxigenándote mejor, observarás cómo disminuye la carga de adrenalina o de angustia que posiblemente tendrías ante ese estímulo que has clasificado como negativo. Inspira por la nariz unas cinco veces, y suelta el aire muy lentamente por la boca. Luego, inspira en 3 tiempos, y suelta el aire también en 3 tiempos. Mantén los ojos cerrados si puedes, para enfocarte en el estado de quietud que estás creando.

5. Analiza y cambia tu lenguaje. Todos los humanos mantenemos una autocharla interna inconsciente, donde los pensamientos buscan significados para todo lo que nos ocurre. Es así como le contamos a la mente y a las emociones las historias de nuestra vida. Si eres como el 95% de la población, posiblemente tengas una dosis alta de palabras negativas en tu autocharla; de allí que el impulso instintivo producirá un resultado de ese signo. Entrénate en cambiar las expresiones (contigo y con los demás, incluyendo los gestos) por palabras, frases y contenidos que sean pro-positivos. Busca la mejor forma de manifestar todo lo que quieras y sientas, utilizando palabras que sumen, no que resten.

6. Evalúa, recapitula y avanza. Como cualquier proceso de autoconocimiento, estas herramientas funcionan sólo si las practicas lo suficiente. No basta con hacerlo un momento y abandonarlo. La práctica hace al maestro. Corrige, evalúa tus resultados, profundiza donde necesitas mejorar, y avanza al siguiente escalón.

Recuerda:
No ocultes tus emociones, ni las enmascares. En cambio, la invitación es a gestionarlas convenientemente para que sean de utilidad en tu proceso de aprendizaje y transformación.

Ser optimistas nos hace más felices, debido a que el optimismo es una condición emocional que podemos entrenar si la observamos adecuadamente. A veces, sucede que hay personas que se pasan de la raya, y entran en una fantasía positivista en extremo.

Lo ideal es buscar el equilibrio entre los datos objetivos de la realidad y el optimismo, con el fin de diseñar el "prediseño" de los anhelos y metas, sin caer en la predisposición al pesimismo.

CÓMO SER UN OPTIMISTA INTELIGENTE

¿Te suena aquello del vaso medio vacío o medio lleno? Tiene que ver con el optimismo, que es la capacidad de poner las emociones apropiadas a cada acontecimiento de la vida, y de no anticipar con lo negativo las cosas que aún no han sucedido.

La amígdala del cerebro junto con la corteza cingulada anterior rostral, forman un dúo excelente para imaginar eventos positivos a futuro, versus los negativos.

Quiere decir que las personas negativas no poseen la suficiente activación de estos dos sectores estratégicos. Y esto puede deberse, fundamentalmente, a cuestiones culturales, como las creencias y al historial de vida. En experimentos de los neurocientíficos, las malas noticias activan otras partes del cerebro, justamente aquellas asociadas con los trastornos depresivos y el pesimismo.

También se ha demostrado que un aumento de dopamina influye en las expectativas positivas, y por consiguiente, se disminuye el impacto de lo negativo. Esto significa que el cerebro participa activamente en la regulación de la información que deriva en las emociones en individuos sin problemas de salud, y puede generar optimismo o pesimismo.

El optimismo inteligente

Un gran dilema popular dice que es casi imposible ser optimista todo el tiempo, sobre todo por la influencia del entorno, muchas veces negativo. O bien, que las personas positivas son negadoras de la realidad.

Esto no guarda relación con las afirmaciones científicas, ya que, independientemente de las condiciones de vida, incluso estudiando zonas de extrema pobreza a nivel mundial, hay miles de muestras de personas realmente necesitadas que son optimistas y manifiestan felicidad. Y lo contrario también: individuos colmados de experiencias que se podrían calificar como positivas, que viven deprimidos.

Entonces, ¿qué determina el optimismo inteligente? Para comprenderlo rápidamente, se trata del poder individual para desarrollar asertivamente con una posición positiva hacia la vida y las situaciones, más allá de las circunstancias desafortunadas que siempre ocurren.

Un aspecto esencial es la posición del aprendiz permanente: de todo se saca algo para evolucionar.

> "Un optimista ve una oportunidad en toda calamidad, un pesimista ve una calamidad en toda oportunidad."
>
> WINSTON CHURCHILL

Claves para vivir mejor

Como el optimismo es un mecanismo de protección que desarrolla el cerebro ante la adversidad, y permite darle un nuevo significado a los problemas de la vida. Para desarrollar estos hábitos, hemos de enfocarnos en las fortalezas, y no exclusivamente en las debilidades -que, en esto, los pesimistas son especialistas-.

Observar tu autoimagen: si lo que te devuelve el espejo lo expresas constantemente en forma negativa, verbalmente o en tus pensamientos, necesitas trabajar en eso. Potencia la consciencia sobre los aspectos positivos -que sí los tienes, todos los tenemos-, y expándelos mucho más.

Ponte en movimiento: es un hecho que las personas optimistas siempre tienen proyectos, conocen gente nueva, amplían su visión del mundo y son curiosos por naturaleza. Incorpora estos recursos diariamente, y observa los resultados.

Suelta los prejuicios: por ejemplo, si has vivido en un entorno pesimista y triste, es probable que tengas este patrón inconsciente dentro tuyo, y hayas determinado algo así como "ser feliz no es para mí". Este es un prejuicio hacia tú mismo, porque en lo que crees y piensas, es en lo que te conviertes. Dale la vuelta; deja lo que te limita; busca ayuda; y haz tu plan de optimismo con pequeños pasos cada vez.

Escoge conscientemente tu actitud: el sobreviviente a los campos de concentración nazis y psiquiatra Viktor Frankl, en su libro "El hombre en busca de sentido", que te recomiendo entusiastamente, dijo: "Si no está en tus manos cambiar una situación que te produce dolor, siempre podrás escoger la actitud con la que afrontes ese sufrimiento". La actitud determina directamente los resultados de tu vida.

Fantasea en positivo: si bien la vida presenta muchas situaciones malas, también las hay buenas. El optimismo inteligente es aquel te permite entusiasmarte con el porvenir en un sentido positivo; de esta forma ayuda en tu avance y evolución humana. Entonces, ya que vas a fantasear, ¡al menos gana en tu fantasía! Te costará lo mismo y tendrás mejores sensaciones y resultados, si lo practicas cada día.

Ejercítate diariamente: es probable que el primer mes haya resistencia al cambio; es normal. A partir del día treinta y tres aproximadamente, el inconsciente se amoldará para acompañar el cambio positivo que estarás haciendo.

Aumenta el consumo de alimentos que ayudan a la felicidad: comer nueces y almendras, el chocolate -cuanto más negro, mejor-, legumbres de todo tipo y pescados azules, entre otros, aumentan la serotonina, la hormona del cerebro que regula el bienestar. También incorpora una caminata al aire libre, y tomar sol con los cuidados necesarios.

Recuerda lo que dijo William George Ward: "El pesimista se queja del viento, el optimista espera que cambie y el realista ajusta las velas." Sé el capitán de tu barco, y no el grumete. Haz la experiencia, aprende, y paso a paso, irás obteniendo la maestría de una vida en equilibrio, paz y optimismo inteligente.

Mantener una actitud optimista es, ante todo, una cuestión de elección. Para muchos puede ser un desafío, acostumbrados a la pesadumbre, la queja y el desánimo permanente. Es importante saber que esta postura nace de creencias muy arraigadas, que por lo general se cimientan en los primeros años de vida, y se reproducen de adultos.

El optimista tiene la habilidad de transformar situaciones y problemas en un aprendizaje continuo. Esto trae como consecuencia una permanente automotivación, que le permite alcanzar su mayor desempeño. Contrariamente a los que muchos piensan, estas personas se distinguen por reconocer los desafíos, no desanimarse y ver las opciones disponibles para resolverlos. Justo todo lo contrario de lo que hace el pesimista. Lejos de evitar los problemas, los asumen y afrontan con mayor rapidez, para convertirlos en lecciones valiosas.

13 COSAS QUE HACEN LAS PERSONAS OPTIMISTAS

Aquí encontrarás trece cosas que tienen en común las personas optimistas, como una guía que quizás puedas incorporar en la práctica cotidiana en tu vida:

1. Mantienen conversaciones positivas. El cuidado del lenguaje y de sus pensamientos es esencial para poder visualizar el aprendizaje, que siempre está presente más allá de las circunstancias. Frases como "no me sale nada bien", "no puedo", "soy un fracaso", "no sirves para nada", "eres un desastre", están excluidas en el diccionario optimista. Por el contrario, se alientan y apoyan a otros a manifestar su mejor versión.

2. Caminan mirando adelante y arriba, y con la espalda erguida. ¿Has observado que los pesimistas tienden a encorvarse y mirar hacia abajo? La posición corporal infunde fuerza y poder personal. El subconsciente trabaja a favor si le das estas señales, cambiando la polaridad de tus pensamientos dominantes.

3. Varían el tono de voz. No se limitan a hablar, sino a expresar con matices y cadencias alegres mientras transmiten sus pensamientos. La expresión verbal es un aspecto sumamente importante para afianzar el optimismo.

4. Escuchan música alegre. Se nutren de canciones con ritmos positivos, que los invitan a ponerse en movimiento, sin dejar de tener sus momentos de relax, e incluso de nostalgia por diversas situaciones. Sin embargo, no caen en el desánimo típico de los pesimistas: reconocen las situaciones y se ponen en marcha para atravesarlas de la mejor forma.

5. Controlan los pensamientos negativos. Cuando estás con personas optimistas pronto te darás cuenta que no usan frases automáticas. Se focalizan en lo positivo de las situaciones.

6. Se animan a probar cosas nuevas. El optimista vive la vida como una aventura permanente; asume retos y proyecta el mejor resultado posible.

7. Saben que la negatividad los daña. Por ejemplo, frecuentar círculos de personas excesivamente quejosas, o que tienen siempre opiniones extremas sobre todo y todos no los favorece: por contraste, muchas veces se autoexcluyen.

8. Esquivan ambientes tóxicos. La queja, la rutina y el "no se puede" no entran dentro de su elección de vida.

9. El optimista piensa en soluciones. El pesimista, en problemas; es por esto que la vida se les hace más dura y con pocas posibilidades de crecimiento.

10. Agradecen a otros, y a sí mismos. Mantienen una actitud de gratitud permanente, y la expresan en pequeños gestos, tal como son el decir "por favor" y "gracias", hasta darse un gusto especial cuando tienen un logro destacado. Un buen ejercicio es dormirte, levantarte y vivir tu día agradeciendo todo y a todos. Pruébalo: no cuesta ni un centavo. Hazlo conscientemente al menos 33 días seguidos y observa los resultados.

11. Siempre tienen proyectos y metas; y tienen confianza en sí mismos. Son vitales para mantenerse en acción. Impiden que el "no" los domine; y se enfocan en crear una foto y una experiencia sensorial desde el primer momento. Luego, dejan fluir las cosas, hasta que en algún momento todo entra en sincronicidad y empiezan a ver manifestados los resultados. Creen tan fuerte en sí mismos, que este aspecto siempre juega a su favor en el equipo del "Yo puedo".

12. No juzgan, aceptan y evolucionan. Los juicios, dirigidos hacia sí mismos o los demás, son limitantes muy poderosos para conseguir logros. Por eso prefieren enfocarse en la acción, corregir y seguir adelante.

13. Comparten lo que saben y son generosos. Las personas optimistas encuentran en el intercambio de conocimientos y experiencias una de las partes vitales de su éxito, ya que así se retroalimentan permanentemente. Es como una recarga automática de su energía.

Es tu elección determinar en qué lado quieres jugar el partido de la vida. Si te entrenas en estos trece puntos, y verás cómo más pronto de lo que piensas tu vida dará un giro positivo y optimista.

Una de las cualidades de los seres humanos es poder elegir la actitud en cada momento; y atrevernos a vivirlos de acuerdo con nuestra forma de co-crear la realidad.

CÓMO RECOBRAR LA FORTALEZA INTERNA

Hay situaciones verdaderamente desafiantes, y seguramente conoces más de una persona que, aún en la peor de las condiciones –por ejemplo, una enfermedad de mal pronóstico- han descubierto tanto valor interno que la afrontaron y pudieron superarla. O, aun habiendo partido de este plano físico, sobrellevaron con entereza cada instancia.

¿De dónde sale la fortaleza interna? ¿Cómo tomar coraje e impulso para continua? Una parte de este proceso para recobrar valor es comenzar a limpiar nuestra mente y emociones de aquellas toxinas que la han contaminado durante tantos años.

Aquí van algunos pequeños recursos que pueden ser útiles para restaurar el valor en nosotros mismos; sencillas formas de comenzar a operar el cambio que queremos observar y vivir de aquí en más:

» Toma varios minutos al día para estar en silencio. Si no estás con disposición o entrenamiento para rotular esto como "meditación", no hay problema: lo importante es que dispongas de un tiempo para estar a solas con vos.

» Esquiva los mensajes tóxicos; por ejemplo, las malas noticias de los noticieros y diarios (sin por esto vivir fuera de lo que pasa; más tarde o más temprano nos enteraremos de todo lo que necesitamos saber). Es verdaderamente increíble lo que se opera a nivel celular y espiritual cuando dejamos de contaminarnos con tantas malas noticias.

» Utiliza estímulos externos que te ayuden a conectarte con

tu valor y la autoconfianza en acción. La música, los aromas, los mandalas, un hobbie abandonado, pueden ayudarte a crear una mejor experiencia interna que, luego, llevarás a lo externo en tu andar por la vida.

» Crea una afirmación en positivo: una frase corta, en tiempo presente, que te ayude a recobrar la calma y el equilibrio cada vez que lo necesites. Escríbela y colócala en un lugar visible, y repítela internamente cada vez que quieras.
» Justo antes de dormirte, haz un breve "balance de gratitud": una lista sólo con las cosas por las que estás agradecido. Este es un buen punto de referencia que actuará en un nivel sutil en las horas de sueño, para comenzar a crear una nueva mirada interna al ejercitarlo con constancia.
» Comparte tus dones y habilidades. Muchos de nosotros quizás estemos sobreocupados en tareas cotidianas, y nos da pereza destinar algo de tiempo a nosotros mismos. Sin embargo, podemos encontrar un mayor equilibrio al hacerlo, también, por otros. Esta retroalimentación es fundamental para empezar a cambiar internamente en forma gradual y a sentirnos a gusto y plenos, encontrando parte del sentido de la vida.
» Caminar, bailar, reír, estar con amigos del alma, leer, participar de actividades recreativas y donde interactuemos con otros, pueden ayudarte a conquistar mayor confianza.
» Busca apoyo en profesionales de las áreas en las que lo necesites. Hay momentos en que necesitamos que nos ayu-

den, nos guíen y orienten en el camino de desplegar nuestro propio potencial. Elige personas con las que te sientas a gusto y que promuevan tu crecimiento y tu bienestar.

- Sé paciente. Los resultados se conquistan paso a paso. Este ejercicio sobre nuestra ansiedad nos traerá mayor sentido, y disfrutaremos más del proceso de recobrar el valor que todos tenemos y que, con determinación y constancia, podrás reforzar y manifestar más claramente en tu vida.

Todos venimos con nuestra propia carga de experiencias, historias personales y vivencias desde que aparecimos en esta forma física en el mundo (y aún antes, en el vientre que nos concibió). Con el tiempo, nos fueron entregadas muchas herramientas, y otras que fuimos conquistando a medida que crecimos, incluso aquellas basadas en el ensayo-error e, incluso, como producto de las experiencias dolorosas y límites por las que tal vez hemos atravesado en ciertas etapas.

CÓMO DESCUBRIR EN TI EL VALOR QUE NO SE VE

Algunos, posiblemente hayan tenido el precioso regalo de ser estimulados, amados, queridos y abrazados por los mayores y por distintas personas y seres que le entregaron su afecto incondicional. Otros, tal vez hemos sabido adaptarnos como pudimos a un mundo tal vez hostil, a veces doloroso y desafiante, lo cual nos ha fortalecido y dado impulso para salir adelante. A la distancia, nos decimos "he hecho lo mejor que pude con los recursos que tenía".

Por eso, el valor en nosotros mismos, sobre todo cuando no hemos sido convenientemente acompañados ni estimulados desde chicos, tal vez haya sido uno de los mayores obstáculos que debimos sortear. Mirábamos con ojos niños a otras personas que, en apariencia, se mostraban fuertes y valerosas, y los observábamos con la esperanza interna de, alguna vez, desarrollar esa habilidad y hacerla propia.

Tener valor no es sólo tener coraje; en mayor o menor medida, todos hemos experimentado eso cuando atravesamos algún dolor, el primer desencanto amoroso, cuando nos atrevimos a hacer algo que temíamos o cuando pasamos esa barrera –antes infranqueable- de aquello que nos parecía una utopía a lograr.

Tener valor es confiar plenamente en mi capacidad, habilidad y fortaleza interna, más allá de lo que ocurra alrededor. Es adoptar una actitud frente a la vida y sus situaciones que van más allá de la justificación. Es aceptar al ciento por ciento mi parte de responsabilidad en cada momento, y, a partir de allí, actuar en consecuencia. Es borrar los limitantes internos como el "pero", el "no", y es, decididamente, plantarnos frente al desánimo y el bajón generalizado de un mundo en constante cambio, para reforzar nuestra fortaleza interna, utilizándola como trampolín hacia lo nuevo.

Para tener valor hace falta confiar. No se trata, en este caso, sólo de una fe ciega en que algo bueno va a pasar (aunque una buena dosis de esperanza siempre aquieta nuestra ansiedad y desasosiego); sino de revisar concientemente nuestra cadena interna de confianza y, desde allí, cambiar algunos eslabones que quizás esté débiles ú oxidados, por otros más nuevos, basados en la experiencia que da el proceso de crecer y avanzar en la vida. Así, tendremos una nueva cadena de valor interno para usar como guía y apoyo cuando estemos ante los desafíos y obstáculos.

También es necesario atreverse a salir de la zona de confort: ese espacio que hemos construido donde todo nos parece normal y difícil de cambiar... aunque se torne poco confortable. Aquí la clave es: un paso a la vez, hacia la meta que quieras proponerte. Y una vez que la alcanzaste, fijarte un nuevo pequeño escalón hacia delante.

Recuerda:
"Pequeños cambios microscópicos, hechos en momentos estratégicos, producen un gran impacto."

CÓMO SALIR DE TU ZONA DE CONFORT PARA MOVERTE A LA ZONA DE VALENTÍA

La zona de confort o zona de comodidad es un estado psicológico que tú mismo creas dentro de los parámetros que has establecido, sin riesgos y hasta con aburrimiento de hacer siempre lo mismo. Sin embargo, cuando quieres alcanzar un objetivo, entras en un estado que puede ir de la adrenalina al miedo, pasando por el pánico, por el que te resulta especialmente difícil moverte de allí.

La zona de confort tiene un propósito adaptativo, puesto que está conformada por lo que ya eres, lo que traes, lo que has aprendido desde que naciste y las experiencias -buenas o fallidas- que ves en tu entorno. Es justamente ese entorno el que puede encerrarte, sólo si tú lo permites.

Así, ese gran campo de confort configura una modalidad de vida en la que no necesitas hacer esfuerzos, la motivación generalmente se apoya de afuera hacia dentro, y esto te limita completamente para aprender y tomar cualquier tipo de riesgos. Es así porque lo eliges en forma consciente o inconsciente, para vivir más cómodamente.

La paradoja es que la zona de confort, con el tiempo, se vuelve muy incómoda, debido a que, si tienes metas, objetivos y te gusta evolucionar a través de retos, desafíos y conquistas, una parte tuya está tan acostumbrada que parece adormecida. Y allí aparece esa tensión que te tira continuamente a no moverte por fuera de lo conocido.

Déjame contartе algo: hay dos polos dentro de la zona de confort:

- » Un extremo menos negativo: en el que te sientes, vives y mueves con comodidad, aunque sabes a consciencia que no usas todo tu potencial. Es el caso cuando encuentras una relación de pareja que no te satisface del todo, aunque eliges seguir allí por conveniencia; o un trabajo en el que, por la paga que recibes, es lo único significativo para ti.
- » Un extremo más negativo: fundamentalmente lo sientes, lo vives y te desgasta. Sin embargo, por miedo y por tu costumbre a la comodidad, no te animas a cambiar. Este sería el caso cuando sigues en el trabajo, aunque te sientas explotado y sometido; o cuando mantienes malos hábitos, que deberías abandonar, y sin embargo, no lo haces. Todo esto conlleva malas consecuencias al final.

Palabras de un gigante:
"El que no es lo suficientemente valiente como para tomar riesgos no logrará nada en la vida."
MUHAMMAD ALI.

Un ejemplo de zona de confort extraído de la historia

Era el año 1480. Cristóbal Colón estaba ya casado y tenía un hijo. La zona de comodidad era viajar por Europa, territorios cercanos. Su esposa se llamaba Felipa Moniz, hija del conquistador de las Islas Madeira. Desde esa situación, estaba bien y no pasaba problemas económicos.

Doce años después, un 3 de agosto de 1492 salió hacia América, sin conocer en absoluto con lo que pudiese encontrar. Piensa en una época donde se decía que, justo hacia el oeste, estaba el fin del mundo y que había gigantescos monstruos en los mares. Tuvo una travesía que se puede llamar de cualquier forma, menos tranquila. Motines, temporales interminables, enfermedades a bordo. Hasta que un día, Rodrigo de Triana, el grumete arriba del mástil, gritó "¡Tierra!" y llegaron a una isla de Bahamas, llamada Guanahani. Cristóbal Colón dudaba haber llegado a las Indias y que había dado la vuelta al mundo; lo nombraron Virrey y Gobernador, pero su gobierno en Centroamérica no fue lo que hoy se conoce como democrático.

> Todos tus objetivos, siempre,
> están más allá del miedo.

La incomodidad de lo desconocido

La inmensa mayoría de las personas se quejan permanentemente de "este mundo cruel" y, sin embargo, hacen muy poco para cambiar las cosas. Como la queja no construye ni modifica las situaciones, si se quiere dar un gran paso es necesario saltar a lo nuevo.

Este paso hacia lo desconocido y con resultado incierto, como en la historia de Colón, puede tener sus recompensas. Lo paradójico es que, con el tiempo, para la mayoría se les hace costumbre quedarse quietos, anclados donde están, sin más entusiasmo que ver la vida pasar. Puede que haya algún acontecimiento especial en el medio; sin embargo, lo vivirán como encendiendo una y otra vez un fósforo usado: hay un momento que se quema por completo, y no generó nada nuevo más que un instante.

El peso de las creencias

Todo lo que no generas en la vida, en algún momento lo has decidido así. Lejos quedó la excusa de la falta de oportunidades o de dinero. Hay millones (por no decir cientos de millones) de ejemplos de personas comunes que comenzaron de cero, y conquistaron sus proyectos.

Esto se define por un temperamento hacedor, que se la juegan más allá de las dificultades y el proceso incómodo para lograrlo.

Para lograr las metas hay que esforzarse, y esto es, justamente, lo que muy pocas personas están dispuestas a hacer por ellos mismos. Piensan que debe haber otro como proveedor y para satisfacerles los deseos. Quiero revelarte, por fin, que la

Lámpara de Aladino con un genio atrapado es sólo un relato, y que el único que puede frotarla y lograr algo, eres tú.

Si desde pequeño fuiste educado en base a la poca estima personal, el no, el pero, y tantas otras formas limitantes, así será toda tu vida, hasta que te animes a desafiar esas creencias. Entonces, para salir de la zona de confort y llegar a tu zona de valentía, hace falta:

- » Moverse
- » Esforzarse
- » Atravesar la incomodidad permanente
- » Exponerse a resultados inciertos
- » Tomar decisiones permanentemente
- » Aceptar la posibilidad del fracaso
- » Y finalmente, lograr el objetivo, cualquiera que sea, y de la forma en que venga.

En cualquier escenario se produce algo sumamente enriquecedor: la zona de aprendizaje. Escalones de crecimiento por el que ya no volverás a ser el mismo. Y por esto valió la pena el esfuerzo.

> "Tu perspectiva de la vida proviene de la jaula en la que estás cautivo".
>
> Shannon L. Alder

Cuando te pones una meta y te mueves hacia adelante

En el momento exacto en que te diriges desde tu zona de confort al límite con tu expansión, aparece el miedo. Por lo general se manifiesta en forma de excusas de lo más absurdas; sin embargo, logran que permanezcas en donde estás y no des el siguiente paso.

Al llegar al límite de la zona conocida, tienes que tomar la decisión principal: asumo el riesgo y continúo adelante, o me retraigo y vuelvo a mi caparazón de aparente seguridad.

Si decides avanzar, hay algo grandioso esperándote: nuevas experiencias, relaciones, personas que enriquecerán tu vida, y el sentido de logro.

La noticia no tan buena es que, una vez que incorporas lo nuevo en tu vida, eso mismo extiende tu zona de confort, y pasa a ser parte de lo cotidiano. Allí puedes asumir un nuevo reto, y seguir expandiéndote.

Volvamos a tu zona de aprendizaje y valentía. Te trae recompensas automáticas:

» Lideras tu vida: te fortaleces
» Descubres aspectos nuevos de ti y los demás
» Observas el mundo en una perspectiva diferente
» Sientes el "Yo puedo" en primera persona
» Dejas de criticar a los demás, porque estás enfocado en tus logros y objetivos
» Inspiras a los demás
» Procesas más información

- » Incorporas rápidamente conocimientos y experiencias
- » Aprendes a tomar riesgos calculados
- » Mejoras tu auto estima
- » Tienes más control sobre tu vida
- » Accedes a un nuevo nivel, lo que sea que esto represente para ti
- » Conformas un mapa de vida más rico
- » Disminuye el estrés
- » Estás automotivado todo el tiempo (desde adentro hacia fuera)
- » No dependes de la opinión de los demás
- » Lo haces porque sientes que necesitas tomar esa acción para tu vida.

Una vez que te entrenas lo suficiente en moverte de la zona cómoda, pasando por la de aprendizaje y hasta la de valentía, llegas a una zona óptima, donde tu vida empieza a sonar como una orquesta muy bien afinada. Con altibajos como suele suceder, aunque sin trabas que te impidan conquistar todo lo que te propongas.

La persistencia en el propósito es lo que marca la diferencia. Y desde allí, te aseguro, el paisaje es maravilloso.

Partiendo de la base de que la gran mayoría de los seres humanos tienen buenas intenciones y propósitos acerca de sí mismos y el entorno inmediato, *¿qué es lo que determina que, por más voluntad que se ponga, puede llegar un momento donde flaquean?*

13 consejos para tener más fuerza de voluntad

En 2013 investigadores de la Universidad de Stanford, publicaron un trabajo en la revista Neuron donde identifican una zona del cerebro (la "corteza cingulada anterior", ubicada aproximadamente 5 centímetros detrás de la nariz) como la zona responsable, o la que induce en nosotros la fuerte voluntad de perseverar frente a los obstáculos que se nos presentan.

Trabajos previos ya habían identificado ese espacio cerebral como la zona que se involucra cuando hay cambios de comportamiento, o cuando se necesita decidir por los caminos a seguir para lograr un objetivo específico.

El acto de la fuerza de voluntad humana está relacionado con una energía mental que permite sostener el control, como si fuese un controlador de vuelo de un avión que mantiene el rumbo hacia la meta deseada.

Sin embargo, como el ser humano no es una máquina infalible, el involucramiento de las emociones hace que se pierda el autocontrol, y así pueda aparecer la desesperanza y las dudas acerca del propio potencial.

Independientemente de los objetivos que se plantee una persona, siempre hay posibilidad de estimular la voluntad.

Algo frecuente es confundirla con las ganas, como si la voluntad fuese su sinónimo. Sin embargo, el tema es más complejo. Seguramente muchos habrán experimentado tener *ganas* de lograr determinadas metas, y, sin embargo, no contar con la voluntad suficiente para alcanzarla. Un ejemplo concreto son las dietas, o iniciar un programa de ejercicios en forma regular: se abandona al poco tiempo. Para lograrlo, hace falta *voluntad.*

La voluntad es autodeterminada

La fuerza de voluntad es intransferible; por lo tanto, es una *autodeterminación de cada persona*, que necesariamente debe involucrarse por completo en pos del objetivo.

El miedo a lo desconocido y lo incierto del resultado final es lo que deja en una incómoda zona cómoda a la gran mayoría. **Tener determinación, firmeza y persistencia,** son tres de las características comunes a las personas que cuentan con la voluntad de su parte, para llevar adelante incluso los desafíos aparentemente inalcanzables. Se conocen ejemplos de todo tipo: personas amputadas que corren maratones, guitarristas de elite sin manos, pintores que hacen arte con su boca o pies, y quienes lo han perdido todo por algún episodio desafortunado, y se han rearmado por completo en poco tiempo. Esto es poner la voluntad al servicio de la vida y seguir adelante.

Lo contrario es en lo que cae más del 95% de las personas, que es la inacción, la queja y la victimización.

13 RASGOS DE LAS PERSONAS CON MUCHA FUERZA DE VOLUNTAD

1. Se conocen en profundidad. Las personas que bucean en su interior tienen más chances de ejercitar y dominar su voluntad.

2. Saben diferenciar esfuerzo y sacrificio. Aprendieron a dosifican su energía para tenerla más disponible para persistir hacia sus grandes metas.

3. Analizan sus fortalezas y debilidades. Así saben por dónde seguir mejorando paso a paso.

4. No se quejan. Toman acción permanente. La queja es una completa pérdida de tiempo.

5. Se rodean de personas que los apoyen. Dejan pasar a aquellos que nos permiten avanzar, y no se quedan amarrados en quienes los limitan.

6. Se despojan de la aprobación de los demás. Van por su camino, comparten con el entorno; pero no busca agradarle a todo el mundo. Esto se llama libertad.

7. Se plantean objetivos bien específicos. No van con vueltas. Definen un camino con un punto de partida, una llegada, y el paso a paso en la línea de tiempo con pequeñas acciones hacia el gran final.

8. Se alientan entre ellos: no son egoístas. Disfrutan de los logros ajenos.

9. Tienen mayor conciencia de los riesgos, y se preparan especialmente para afrontarlos. Dejan de lado el miedo y el temor, para reconvertirlos en coraje y valentía. Y, esencialmente, se perdonan los errores y los convierten automáticamente en aprendizaje. No es que no los sienten: los transforman en algo positivo.

10. Aprovechan su tiempo. Son organizados y productivos. No desperdician su energía en conversaciones o hechos intrascendentes.

11. Mantienen silencio sobre sus grandes objetivos. Comparten con muy pocas personas, como una forma de auto preservarse.

12. Tienen motivación autónoma. No buscan que los otros le den palabras de aliento, aunque las reciben gustosos si llegan.

13. Se dan una recompensa ante cada mínimo logro. Desde un obsequio, comer algo delicioso, darse un gusto, un baño de inmersión, o dedicarse tiempo especial a solas: todo vale para incentivar el sentido de logro. Es un premio sencillo, para reforzar su voluntad.

Y tú ¿te reconoces en estos rasgos de voluntad? ¿Cuáles puedes desarrollar aún más?

CÓMO TOMAR DECISIONES SIN TEMOR A EQUIVOCARSE

Para muchas personas el simple hecho de tomar decisiones implica un alto grado de inseguridad interna.

Sin embargo, la realidad indica que tomamos decisiones permanentemente, desde sencillas hasta complejas.

Probablemente, cuando sientes internamente que no hay demasiado que arriesgar o perder si el resultado no fuese el esperado, el proceso de decidir es más fluido y rápido. El problema aparece cuando necesitas escoger algo que puede cambiar el curso de una situación en forma radical.

Qué implica el acto de decidir

Decidir tiene que ver directamente con la libertad que ejerces como ser humano; tomar los caminos que escoges te hace más libre, fuerte y consciente de tus posibilidades de expansión; por esto mismo, pone un marco de referencia sobre tus limitantes internos.

También decidir implica una toma de consciencia acerca de tus valores y convicciones de aquello que puede ser mejor para ti.

El problema al decidir no radica en esa acción, en si misma, sino en el riesgo que se pone en juego cuando debes escoger en cosas trascendentes. Y más profundo aún: en el sentido de responsabilidad personal sobre lo que decides.

Aprender a decidir

Para ayudarte a tomar mejores decisiones, aquí va una guía práctica con herramientas.

No existen decisiones sin riesgos. Este es el paso inicial de la toma de consciencia. Todo lo que decidas se basa en una decisión (consciente o inconsciente), y conlleva un nivel de riesgo inherente respecto al resultado final.

Muchas decisiones implican un resultado incierto. Es incómodo, y necesitas afrontarlo si quieres evolucionar.

Nadie te obliga a elegir lo que no deseas. Este concepto se basa en la integridad y la libertad inherente que debería guiar a todos los seres humanos. Aquí entra en juego tu más alto nivel de responsabilidad personal.

Piensa qué implica tomar una decisión. Puedes evaluar los pros y contras, poner en una balanza interior y luego, elegir.

Quien demora mucho al decidir permanecerá estancado más de lo conveniente. Hay personas que se paralizan al tener que tomar una decisión, desde las más simples, como elegir una comida en un restaurante, hasta las complejas. No te demores y practica con situaciones de menor a mayor para generar el hábito a tomar decisiones.

Evalúa qué sientes y qué piensas: son dos cosas distintas. Frente al hecho de tomar una decisión, necesitas ser muy claro acerca de cómo están tus emociones, y también, tu mente. Observa si juegan a favor o en contra. Separa la información intelectual de tu emocionalidad. Luego, intégralas para saber si hay algo que -junto con tu intuición- puede traer mayor claridad al decidir.

Plantéate varios escenarios. Lo ideal es buscar alternativas, al estilo del plan A, B y C. Diséñalos de tal forma que cualquiera de estos caminos será satisfactorio para lo que anhelas lograr.

Hay malas decisiones impulsadas por malas resignificaciones. Si pudieses planearte el proceso de decidir como un aprendizaje interno que quedará dentro de tu capital de vida, quizás concluyas en que, más allá de decisiones poco apropiadas o con resultados discordantes con tu plan, todo conlleva un profundo aprendizaje. Esto servirá para resignificar lo que vives, dar un nuevo sentido, y reforzar esa experiencia en forma más positiva.

Determina cómo influirá en tu vida esa decisión que necesitas tomar. Visualízalo a futuro, no sólo en el instante de ejecutar la acción de elegir, ya que eso te acompañará de aquí en adelante, por haber sido tu propia decisión.

No decidas exclusivamente en base a lo que te cuentan los demás. El proceso de elegir es personal e intransferible.

Sin embargo, la observación de una persona que ya experimentó lo que tú estás a punto de hacer puede ser información valiosa. O no. Determina si te sirve, porque el responsable de lo que decidas siempre serás tú.

Piensa en el bien mayor. Busca que la decisión que tomes apoye el bien mayor de todos los involucrados: es una buena forma de generar un impacto positivo en tu entorno.

Que tu historia no te impida decidir. Si en el pasado has hecho elecciones desafortunadas, puedes aplicar aquel conocimiento para no repetir errores que pueden haber costado muy caro en distintos planos de tu vida. Para decidir de nuevo necesitas soltar el pasado, teniéndolo presente como otra situación y otro momento en el que hiciste lo que pensabas que era mejor. Hoy es otro momento.

Planifica una vez que tomes la decisión y baja las expectativas. Finalmente, necesitas bajar lo que decidas a un plan de acción concreto y específico para afianzar el nuevo resultado que deseas generar. Baja las expectativas para no forzar tu umbral de decepción y frustración. Si te toca experimentar estas emociones, siéntelas y vívelas, como forma de transformarlas en aprendizaje para la próxima vez.

Practica tomar decisiones

Aquí tienes 5 tips para ejercitarte desde ahora mismo:

1. No dejes que otros elijan por ti en ningún aspecto de la vida.
2. Pide poder elegir entre varias opciones.
3. Plantéate más de un escenario cuando necesites decidir.
4. Si sientes un impulso de tu intuición, préstale atención y síguelo.
5. Registra formalmente tus avances con un esquema escrito donde describas: problema | alternativas | decisión. Esto reforzará tu centro de recompensa del cerebro, ayudándote a sentirte más cómodo a la hora de decidir.

Cuando tomes una decisión, ten presente que en estos tiempos líquidos, donde a las palabras parece que se las lleva el viento, el valor de los compromisos parecen estar muchas veces cuestionados.

La palabra, entendida como aquel concepto de "palabra de honor", representa un pilar filosofal sumamente importante en la integridad humana. Se trata de tu credibilidad. La persona que no es capaz de asumir la responsabilidad que conlleva, está destinada a una vida sin destino, con una liviandad tal que lo convierte en alguien de poco fiar.

La pregunta es: ¿cuánto vale tu palabra? ¿Te haces 100% responsable de todo lo que dices? ¿Asumes las consecuencias del valor de tu palabra? ¿La haces importante?

Y, más allá de eso, ¿honras en tus palabras, los compromisos ante ti y ante los demás?

¿CUÁNTO VALE TU PALABRA?

Muchas personas se quejan de la falta de compromiso y de responsabilidad. Sin embargo, se niegan a analizar profundamente su propia vida, sus elecciones y decisiones cotidianas; incluso aquellas tan sencillas, que sería difícil no poder sostenerlas.

Esta laxitud en el asumir la responsabilidad individual los lleva tener un pasaje por la vida a veces errático, poco confiable y nada ético.

Lo que frecuentemente no se toma en cuenta es que el compromiso es con uno mismo, además de hacerlo con los demás.

Al ser lábiles y escurridizos con las promesas y acuerdos que declaman, estas personas van resintiendo no sólo las relaciones sociales de todo tipo, sino su propia autoestima.

Cada vez que dices que vas a hacer algo, y no lo cumples, tu autoestima baja. El inconsciente juega siempre a tu favor: si le fallas, interpreta que es "justamente eso" lo que quieres para ti, y por eso, te devuelve más de "eso", por más que sea exactamente lo contrario a tu deseo y anhelo.

Haz importante cada "sí" que digas

Cuando asumas un compromiso, mantenlo hasta las últimas instancias.

Si no vas a poder cumplirlo, renegocia, pacta otra cosa o lo que sea verdad para ti. Como verás, la gran clave es la responsabilidad personal. Si asumes esto como algo trivial, sin importancia, tu vida dará un giro negativo que impactará no sólo en las otras personas dañadas por tu accionar, sino en tu estima personal y tu autoimagen.

El decir que "sí" es tan importante como firmar un pagaré; es un documento de confianza que se suscribe entre tú y los demás, y que no es posible no cumplirlo.

Si hubiese motivos realmente valederos para reconvenir los términos, o no estás seguro de cumplirlo: no lo firmes (es decir, no digas que sí, en automático).

Muchas personas dicen que sí, sin pensarlo, por su afán de buscar aprobación, o no quedar en falta con los demás.

Lo que pasa cuando cumples y cuando incumples con tu palabra

Cada vez que CUMPLES con tu palabra:

- » Tu autoestima aumenta
- » Ratificas tu poder personal
- » Te haces confiable, ante ti y los demás
- » Sabes que puedes asumir compromisos mayores
- » Demuestras tu aprecio, por ti y las otras personas

Cada vez que INCUMPLES tu palabra:

- » Tu autoestima se daña

» El inconsciente te devuelve exactamente lo contrario a lo que quieres
» Te vuelves en alguien desconfiado, y eso mismo provocas en los demás
» No querrás hacer vínculos sólidos, por temor a fallar; y los demás pensarán lo mismo de ti (no serás de fiar, ni de confianza para los otros)
» Revelarás tu peor parte, ya que nadie quiere estar cerca de personas que no se hacen cargo.

Practica decir que no, para no traicionarte, ni traicionar

Cuando no cumples con tu palabra, es una traición. Tu prometiste algo, diste tu visto bueno; y al final, no cumples. Traicionaste a los demás.

Por más que esto suene fuerte, es, en verdad y muy profundo, lo que pasa. Traicionaste a otros porque no sostuviste tu promesa; y te traicionaste a ti mismo porque habilitaste todos los mecanismos internos de destrucción paulatina de tu autoestima y autoconciencia.

Aquí tienes 5 formas de resolver estas situaciones:

1. Aprende a decir que NO. Entrénate desde cosas sencillas hasta complejas, y no asumas ningún compromiso que no vayas a cumplir.
2. Renegocia tus acuerdos, si necesitas cambiar las condiciones de tu promesa que has dado, o cambiar las fechas, etc.

3. Avisa siempre con suficiente tiempo si no serás capaz de cumplir con tu palabra: es tu responsabilidad.
4. Propone al menos 3 ideas alternativas sobre el mismo asunto, si necesitas re-pactar las condiciones.
5. Evalúa los resultados en términos de cómo te sientes internamente cuando asumes tu responsabilidad personal ante tu vida (y esto incluye todas las promesas y compromisos que haces).

Si quieres una vida con mayor sentido, integridad y coherencia, aprende a cumplir con tu palabra. Es la piedra fundacional de tu autoestima, de las buenas relaciones humanas y del sentido más profundo al que puede aspirar un ser humano: vivir con menos presión y en libertad.

QUÉ ES EL NO POSITIVO

Como vimos, el sí en automático paga precios muy altos. El "no" bien aplicado es estimulante para el desarrollo del Ser:

» Permite frenar a tiempo situaciones de las que después te arrepentirías.
» Fortalece tu yo, y hace que tomes mejores decisiones.
» Establece un proceso interno de toma de consciencia, esencial para crecer.
» Te transformas paso a paso en una persona determinada.

- » Analizas antes de comprometerte en cosas con las que no quieres involucrarte.
- » Empiezas a romper con creencias que ya no te sirven en el presente.
- » Determinas las fronteras y límites más allá de los cuales no se puede pasar. Esto es cuidarte.

Esto no se refiere al "no" automático que tienen muchas otras personas, donde, ante la duda, expresan todo negativamente y quizás, luego, tal vez, empiecen a considerar otro punto de vista; mientras tanto, anteponen el "no". Una vez más, ¿Te reconoces en esto?

Elección consciente

Cuando vives la vida enfocado en el "tengo que…" estás propenso a tener el sí en automático, debido a que no te has dado el tiempo de reflexión necesario y solamente, cumples la tarea. Es una obligación. La propuesta es que hagas que tu "sí" y tu "no" sean conscientes, íntegros y profundos, y no producto de responder rápido.

Para esto puedes elegir cambiar tu switch interno, y pasar del "tengo que…" al "elijo…" y al "quiero", que son dos formas asertivas de decisión personal y consciente.

En estas funciona muy bien el "no" positivo, debido a que en la conformación psíquica es importante entrenarse en tomar decisiones, y asumir la responsabilidad que esto conlleva. Por eso muchas personas eluden el "no" como para quedar bien, y parecer más adecuadas a lo socialmente aceptable; sin embargo, no consideran el alto costo emocional que tiene cuando vas en el camino contrario a lo que piensas y sientes.

Cuando empiezas a negarte a ejecutar a ciegas la voluntad de los demás, lograrás mayor libertad y poder personal. Empiezas a ser respetado por tus elecciones conscientes, y evitas abusos de todo tipo. Dejarás de estar ligado a los hilos invisibles que te atan a la opinión de los demás, para dar un salto de calidad en tus relaciones. Te enfocarás en alcanzar el tipo de vida que siempre quisiste, sin estar atado a otro, o a las cosas, o a los mandatos que sostuviste por años.

Aquellas personas imposibilitadas de decir que no se sienten subvaluadas por dentro. Esto es así porque el entorno espera otra cosa de ellas, y de ahí que aparezcan las respuestas automáticas.

El no positivo: aplicación práctica

Aquí van unos ejemplos, para tomar consciencia de lo sutil que es este comportamiento. En más del 90% de los casos, como es automático, no se lo considera relevante. Sin embargo, es un gran boicoteador de tu felicidad, porque has decidido vivir complaciendo a los demás con tu "sí" permanente.

» "No iré a la fiesta este sábado; si me hubieras avisado con suficiente antelación, posiblemente podría haber hecho los arreglos para acompañarte."

- “Agradezco esta oportunidad; sin embargo, no es lo que estoy buscando en este momento.”
- “Reconozco el esfuerzo que haces, aunque no es el resultado que necesitamos lograr para el proyecto.”
- “Jefe, por favor, ayúdeme a establecer las prioridades de todo lo que me ha pedido; no podré cumplir con todo si no nos ordenamos; y mi intención es llegar a buen término siempre.”

¿Observas algún tono marcadamente negativo en estas afirmaciones? La herramienta es que necesitas elaborar previamente las respuestas, independientemente que sea una toma de decisión que ya has tomado.

Cuando dices “sí” estás manifestando mucho más que una palabra: estás DANDO tu palabra. Al expresar cosas cotidianas como “yo me encargo”, “de acuerdo”, “yo cocino”, “lo haré”, estás comprometiéndote.

Y si no lo haces, como tu inconsciente no tiene discernimiento, entiende que “sí” es “sí”. Al no cumplir con tu palabra o promesa, el inconsciente se encarga de dejar de creer en ti. Y eso se transforma en que tú dejas de tenerte confianza.

Finalmente, para practicar el “no” en todos los aspectos de tu vida, necesitas que no se transforme en tu bandera; de esa forma serías una persona negativa todo terreno. Esto no te suma ni aporta.

Sin embargo, muéstrale a los demás que cuando dices que “no” lo haces con fundamento: tómate tiempo antes de responder; no lo hagas como un robot; y expresa brevemente el por qué de tu decisión.

Como añadidura, esto trae un gran beneficio adicional: acelerarás tu proceso para aprender a tomar decisiones de cualquier tipo.

LA RELACIÓN ENTRE AUTOESTIMA Y HACER EJERCICIO FÍSICO

Cada vez más hay acuerdo entre la ciencia, la psicología, los fisioterapeutas y los entrenadores personales, así como los coach y las personas que lideran procesos de desarrollo personal: hacer ejercicio con regularidad ayuda tanto en lo físico, como en lo mental, emocional y en la conexión espiritual.

Independientemente de la edad, los investigadores han descubierto que mantener una rutina adecuada a cada persona produce grandes resultados, no sólo en lo estético.

En su libro "La ciencia nueva y revolucionaria del ejercicio y el cerebro", el médico psiquiatra John Ratey de la Escuela de Medicina de Harvard afirma que "Ejercitarse regularmente es bueno para el humor, la memoria o el aprendizaje." Así, los procesos cognitivos, sociales y de autoestima se ven estimulados a través del movimiento físico.

Cualquiera sea la disciplina por adoptar, desde caminatas hasta ejercitación de fuerza en un gimnasio o tomar clases de disciplinas que te gusten, todo vale.

La energía sigue al pensamiento; y el pensamiento transforma en acciones concretas eso que se ha elaborado internamente. De allí que, si la energía se mantiene en movimiento también desde lo físico, muy pronto observarás notables cambios en tu estado de ánimo, intuición, percepción, coordinación, apertura y socialización; además de sentirte mejor con tu cuerpo, el único que tienes en tu paso por este mundo.

Las conclusiones de los especialistas se sintetizan en estos cinco puntos:

Ejercitarte reduce el estrés

Al hacer movimiento físico regular, el cuerpo adopta nuevos estímulos que ayudan a relajarte, por el contrario de lo que la mayoría piensa acerca de que terminarás más cansado. De hecho, quienes entrenan a menudo saben que aquellos días en que la pereza se hace presente, al terminar la rutina de caminata o lo que sea que elijas, te sientes con más energía. Esto es así porque el ejercicio produce noradrenalina, un químico que ayuda a moderar la respuesta cerebral ante el estrés.

Alivia distinto tipo de síntomas

Más allá de las recomendaciones físicas que haga un médico de acuerdo a cada patología, el mover el cuerpo alivia síntomas de depresión. Por ejemplo, los psicoterapeutas recomienden con énfasis incluir algo de ejercicio a las personas con tendencia a la depresión. Está demostrado que caminar diariamente, subir y bajar escaleras, y hacer un recorrido regular por 30 minutos 3 veces a la semana, incrementa tu buen humor en forma notable, a la vez que oxigenas mejor el organismo. Los colores se ven más brillantes y estás más lúcido para tomar decisiones. Y al final del día, el descanso es mucho más reparador.

Te verás mejor

Sin necesidad de que seas un fisicoculturista, el simple hecho de hacer ejercicio continuo te devolverá frente al espejo, en tu interior, y también frente a tu entorno, una mejor imagen de ti mismo. La autoestima mejora ya que, al sentirte energizado, la piel luce mejor, socializas con nuevas personas y te conectas con otro mundo, saliendo de los problemas y la rutina.

Esto repercute en algo esencial: la autovaloración, que tiene que ver directamente con tu autoconfianza.

Baja la ansiedad

Los neurotransmisores del cerebro que se liberan cuando haces ejercicio y hasta muchas horas después, ayudan a que te calmes si tienes ansiedad. Alguna actividad aeróbica, como una marcha rápida, trote, bicicleta en todas sus modalidades, e incluso clases de gimnasia con baile, o las que emulan movimientos de boxeo, te permiten soltar las tensiones. Así recobras autocontrol, te focalizas en el presente y no estás demasiado tiempo en el futuro, que es donde vive la ansiedad.

Previenes tu deterioro cognitivo

Después de los 40 años se incrementa el riesgo de padecer enfermedades degenerativas, o padecer problemas de presión, azúcar alta, colesterol, entre otras. La actividad física, acompañada de cualquier otra disciplina de desarrollo personal, te ayuda a aumentar las sustancias del cerebro que previenen la degeneración de las neuronas del hipocampo. El practicar ejercicio también contribuye a cuidar tu corazón, tu sistema respiratorio y, los huesos. Como vemos, no se trata sólo de cultivar los músculos.

Además, al hacer cualquier tipo de ejercicio, practicas tu coordinación, que se relaciona con el estar presente continuamente en lo que estás haciendo (*mindfulness*), a la vez de estimular la coordinación de movimientos y aprender acerca de la fisiología del cuerpo. Sin querer, aprendes a escucharlo.

Habrás visto los enormes beneficios del ejercicio en adultos mayores: desde deportes de salón, hasta yoga, caminatas, y ejercicios de fuerza moderada, siempre supervisados por profesionales. ¡Imagínate lo que puedes lograr adoptándolo antes de llegar a edad avanzada!

Para concluir, las personas que practican ejercicio de cualquier tipo, y en combinación con otras disciplinas de autodesarrollo, son más productivas en su vida. Así lo asevera una investigación de Schwarz y Hasson (2011): los trabajadores que practican ejercicio o deporte regularmente son más productivos y tienen más energía que sus compañeros sedentarios. Ellos recomiendan incorporar actividad física al mediodía, por ejemplo, en la pausa del almuerzo, para mantenerse más activos durante el resto de la jornada.

En el caso de las personas con cualquier tipo de adicción, el ejercicio y el autoconocimiento son dos ejes esenciales; ya que, con el entrenamiento el cerebro libera dopamina, el neurotransmisor de la recompensa y el placer -como el sexo, los chocolates, la comida en general-. Entonces, es un adecuado reemplazo paulatino de aquello tan dañino por un nuevo hábito saludable.

Imagínate sumándote de ahora en más a alguna caminata solidaria en tu ciudad; o motivando a tus amigos a un encuentro semanal para conversar y divertirse mientras caminan o practican algún deporte que les guste.

Entonces, ¿qué esperas para vestirte con ropa cómoda y tomar la calle con una buena caminata, haya viento, frío, lluvia o sol? ¿Qué tal hacer nuevos conocidos y compartir momentos en la semana? Disfrútalo paso a paso. Pide orientación a profesionales, consulta con tu médico antes de iniciar una rutina de ejercicios, y ponte en marcha. Son todos beneficios. El tiempo es hoy.

Capítulo 2

El poder limitante del ego

AUTOESTIMA Y EGOÍSMO, APRENDE LA DIFERENCIA PARA VIVIR MEJOR

Cuando eliges tomar las riendas de tu vida, valorarte, cuidarte y respetarte por encima de todas las cosas, estás enfocándote en tu autoestima. Se trata de un espíritu muy nítido de autovaloración, que muchas veces es interpretada en forma equivocada, confundiéndosela con el egocentrismo y la soberbia.

Para lograr sentirte bien contigo y, en consecuencia, con tu entorno en los distintos planos -ya sea personales o profesionales-, es esencial mantener una buena autoestima. Esta condición de base para la salud y el equilibrio mental contribuye a tener una mejor calidad de vida, a estar más consciente de tu realidad y para darte fortaleza interna para atravesar en forma asertiva los desafíos que pueden presentarse.

La autoestima también es fundamental para lograr conectar mejor con las demás personas, entrar en un espacio de ser honesto ("one/est" = "uno contigo") como una unidad de sentimiento, pensamiento y acción; y para proyectar tus niveles de éxito y satisfacción personal tan altos y tan lejos como quieras.

Sin embargo, en el mundo actual suele confundirse auto estima con un egoísmo fuera de control. El ejemplo claro aparece cuando una persona exhibe un ego desproporcionado, donde todo circula alrededor de ellos, y se pierde noción del otro.

También, cuando se pierde la visión acerca de la responsabilidad personal ante los fracasos de la vida, y ponen excusas que apuntan directamente a otros; o cuando alguien se atribuye logros que no le son propios, o bien vive aparentando algo que no es en realidad. ¿Te resulta conocido?

Diferencias importantes

Una persona con buena autoestima vive de acuerdo con sus principios y valores, y ha dejado de criticar, juzgar y compararse con los demás.

Una persona con el ego desbocado vive de acuerdo con principios y valores donde, de alguna forma, se presiona o se somete al otro con tal de sobresalir. Es el principal enjuiciador de los demás, y los opaca al creerse en un estatus superior.

Una persona con buena autoestima no necesita hacer demasiado ruido mientras realiza su misión en el mundo. Una persona egocéntrica sí: cuanto más ruido, más vacío está (por eso quiere sonar más fuerte).

Una persona con buena autoestima es consciente de sus limitaciones, las acepta y trabaja para superarlas. A la vez, acepta a los demás sin cuestionarlos ya que eso corresponde a la realidad del otro; y no teme poner límites si se ve afectada en algo con su accionar. Mientras que alguien con el ego que le estalla por los poros jamás aceptará sus propios fallos, y menos aún pedirá ayuda. Se cree todopoderoso y que el mundo tiene que girar de acuerdo con sus reglas y leyes.

Ego y la falsa autoestima

En el mundo también existen personas que parecen tener una autoestima por las nubes; se las distingue porque en apariencia están siempre felices, y proyectando una imagen positiva de sí mismos... incluso sin ser necesario. Este rasgo narcisista se manifiesta muchas veces en la vida de relación, en la forma en que accionan en las redes sociales, en el trabajo y hasta con amigos de años.

En este caso, la persona teme a abrirse a su ser y sentir auténtico, porque confunde vulnerabilidad con debilidad. Le parece que son la misma cosa, y tiene miedo a ser juzgado, sometido y sufrir. Ni más ni menos entra en la dinámica del miedo.

Así, cuando se trata de autoestima, una persona aprende a aceptar las felicitaciones y cumplidos desde un lugar de humildad y sentimiento genuino; mientras que el egocéntrico y narcisista lo hará pensando en la recompensa en términos de imagen o de valoración personal que el otro tendrá sobre él.

La mirada de la persona con autoestima está puesta en si misma desde un espacio sano, de autoconsciencia pura, mientras que la del egocéntrico, pone esa mirada en la aprobación del otro (disfrazado de que es él mismo quien debe aprobar o reprobar a los demás).

La autoestima se alimenta del sentido del conocimiento sobre su fortaleza y sus debilidades. El egocentrismo, en la competencia y la rivalidad.

Así, el ego es esa voz interna que no te permite ser libre ni feliz; es condicionante, tirano y contraproducente; es eso que aparece desbocado, como una furia sin control, cuando algo en ti se siente herido en un nivel muy profundo, por cosas que -si las pudieses contemplar mejor- prácticamente no tienen demasiada importancia.

EGO, PASAPORTE SEGURO A LA INFELICIDAD

El ego está construido sobre la base de tus aprendizajes, acciones y reacciones inconscientes; los vínculos que has tenido desde que naciste; las interacciones con padres, maestros, familia cercana, el barrio y el entorno en el que te mueves; tu desenvolvimiento profesional; y la forma en que sientes que los demás están juzgándote.

Cuando naces escuchas todo lo de tu entorno y, simplemente, lo aceptas, ya que no hay discernimiento porque aún estás aprendiendo las reglas del mundo. Cuando creces, sigues escuchando y has aprendido algunas herramientas que pueden darte cierta libertad aparente: por ejemplo, cuando de niño haces un berrinche quizás hayas conseguido algo en particular. Esto se convierte en un aprendizaje adquirido que, de distintas formas, es posible que lo reproduzcas inconscientemente de adulto.

El ego también es un acuerdo social que te fuerza desde adentro hacia fuera, haciéndote creer que lo de afuera tiene más valía que tu tesoro interno. Es la representación de lo que otros anhelan que tú seas. Es la clara diferencia entre vivir apegado a los símbolos como el estatus, el dinero, los bienes materiales, la moda, las tendencias sociales, versus las experiencias -es decir, lo genuino que sientes, crees y creas honestamente y en concordancia con tu sentir más íntimo-.

Entonces, ¿sirve el ego?

Desde un punto de vista psicoanalítico, es una instancia psíquica mediante la que el individuo se reconoce como "yo" y es consciente de su propia identidad. Esto implica que es una herramienta que media entre la realidad del mundo en el que vives, los ideales que tienes de tu "super yo" (lo que anhelas ser, por lo que vas adelante) y los instintos del "ello" (lo que te guía, el olfato interno).

Sin embargo, para la mayoría de las personas que no pasan por un proceso de consciencia ni de búsqueda personal, el ego mal conducido es sinónimo de soberbia, desprecio por los demás, reacciones desmedidas cuando esa parte dentro de ti se siente lastimada o amenazada, e, incluso, el egoísmo y la carencia de empatía por los demás. Y hasta por ti mismo.

Cómo evitar que el ego te domine

Si bien como enseñan las corrientes psicológicas el ego forma parte de la estructura psíquica, vivir desde ese lugar puede dañarte; no sólo a ti, sino tus vínculos, relaciones, proyectos y experiencias de vida.

Uno de los aspectos esenciales de su funcionamiento "disfuncional" es que, en su tiranía y prepotencia, opina sobre todas las cosas, queriendo condicionar tu comportamiento. Algunos ejemplos:

» El ego afirma que eres en la medida que tienes (casa, dinero, prestigio, estatus)
» Eres lo que haces en el mundo (dejando de lado el aspecto esencial: Ser)
» Al ego le encanta competir dividiendo las cosas en bandos: buenos-malos, hombres-mujeres, mayoría-minoría, ricos-pobres, yo tengo la razón-tu estás equivocado.
» Lo que dicen de ti los demás, es lo que te define.
» El tener éxito y destacarse es lo único que importa.
» Cuanto más te sacrifiques y más luches, sumas más puntos para ganarte el cielo.
» Incluso las personas con estudios espirituales caen en la trampa del ego:
» Yo te enseño sobre estas cosas; tú no sabes nada.
» Ya llevo tantos años en esta escuela espiritual; soy mejor que tú.
» Soy un ser espiritual y todo lo del mundo no puede afectarme.
» Lo que sucede, conviene.
» Yo soy médico / abogado / contador / periodista / escritor / mamá-papá, y tengo la verdad sobre muchas cosas.
» Soy cura / pastor / ministro / clérigo, y por eso estoy más

cerca de la divinidad (la luz, la fuente universal o como quieras llamarlo).

Voces contrapuestas

Uno de los sufrimientos mayores a partir de vivir basados en el ego, es la incoherencia de escuchar múltiples voces internas que no ayudan a que disciernas los dilemas de tu vida.

Como hay una voz del ego que tira para un lado, y una voz intuitiva interior (que muchos llaman espíritu o alma) te arrastra hacia otro, este tironeo es el que produce un sentido interno de lucha y desconcierto, por lo que consumes mucha más energía de la necesaria, asumes problemas que no son los tuyos, te eriges como dueño de la verdad y quieres caerle bien a todo el mundo.

> Vivir desde el ego produce sufrimiento.
> Se sufre porque el ego provoca distanciamiento de quién eres en esencia.

De adulto, entonces, necesitas tomar una elección: seguir en esa vida inconclusa por donde se la mire, o decidirte a trabajar en consonancia con tu sentir interno; donde escuchar la voz de tu consciencia y corazón prevalezca antes que hacerlo con la voz exterior e impulsiva del ego.

Cómo avanzar en tres etapas

Para elaborar una mejor relación interna con tu ego, y reconducir tu vida paulatinamente a un mayor nivel de libertad y bienestar, quizás puedas considerar estos tres pasos:

1. Reconocer. La base está en reconocer la adicción al ego y a todos sus condicionamientos que, de tan repetidos, los has internalizado en forma inconsciente. Es la etapa donde empiezas a reconocer que tienes muchas máscaras que te pones para evitar sufrir, o querer sentirte mejor, aunque eso sea incómodo. Parece un contrasentido, aunque no lo es. ***Herramientas:*** Una forma de darte cuenta y hacer un "insight" (mirar dentro tuyo) es tomar un tiempo para analizar tu nivel de bienestar interior en cada ámbito estratégico de tu vida: relaciones, productividad, trabajo, proyectos, amigos, salud, dinero para sustentar tu vida, ocio, y los que quieras agregar. Verifica a qué ámbitos entregas la mayor parte de tu tiempo y energía. Otra forma de chequear es observar y tomar consciencia acerca de los niveles de drama que le pones a las situaciones de la vida: cuáles te domina, te sacan de ti hasta el punto de despersonalizarte. Habrá información muy valiosa si eres honesto y profundo. **Recuerda:** ***La dimensión de tu drama personal es proporcional al tamaño de tu ego.***

2. Despertar. Tiene que ver con darte cuenta de que quizás no has estado viviendo tu vida; tal vez pensabas que sí lo hacías; aunque probablemente la conclusión sea que has seguido la corriente de lo que has aprendido del entorno, por cuanto no te has podido hacer responsable al ciento por ciento de todos los acontecimientos de tu vida: siempre ha habido algún chivo expiatorio. El despertar implica tomar consciencia de quién eres, sin tanto ornamento ni posesiones, ni siquiera seguridad permanente -de esa que en occidente es tan valorada-. Las máscaras empiezan a caer. Es un momento íntimo que incluye una gran vulnerabilidad. La sensación es como estar desnudo frente a tu "Yo soy" auténtico. Sería natural que te produzca cierto temor inicial; una vez vencida esa barrera, empezarás a asumir un nuevo "yo" interno, más conectado, consciente y desapegado a la aprobación externa. ***Herramientas:*** Algunos de los caminos que te ayudarán en este despertar son la meditación, el yoga, el coaching, una psicoterapia de avanzada, lecturas positivas y constructivas, caminos de autoconocimiento variados y una profunda determinación en conocerte mejor y practicar.

3. Avanzar. Una vez que hayas despertado, el avance estará minado de interrupciones del ego. Es su naturaleza desbocada y prepotente, adolescente de las peores formas, hará las mil y una para que vuelvas hacia atrás. El resultado en el tiempo depende directamente de tu determinación, consciencia y observación en presente, vigilancia eterna y coherencia vital. Es probable que tengas retrocesos y avances. Incluso cuando des pasos hacia adelante, el ego mismo intentará embaucarte dándote el mensaje de que "ya llegaste… ahora volvamos a ser amigos como antes…": ese es su juego. La clave está en persistir y seguir en tu camino personal. ***Herramienta:*** práctica permanente, vigilancia eterna. Escuchar tu voz interna. Prestar atención a los juegos de tu mente (que es el ego expresándose).

Llegará un día en que tendrás un equilibrio interno tal, que te afectarán muy pocas cosas del afuera. Comprenderás más cabalmente quién eres -mientras sigues haciendo tu vida común y corriente en el mundo; no es necesario ir a meditar a la cumbre de una montaña para llegar a este estado-.

El gran desafío interior está en lograrlo en el mundo de relaciones, tal y como lo conocemos. Y allí, encontrarás maestros, amigos, personas afines, corazones libres, dispuestos a acompañarte en las buenas y las malas. Porque la expansión de corazón no tiene límites: solo los que tu impongas.

Como vemos, un exceso de ego o de conciencia encerrada únicamente en sí mismo perjudica el crecimiento de una persona, porque al estar tan inmiscuido dentro de él, quizás ni se entera de que existe un plano superior de la existencia, y que es totalmente posible acceder a él y vivir con mayor libertad.

Libertad interior en su máxima expresión, es la recompensa cuando logras acallar el ego.

El ego es cegador, arrogante, peyorativo, insaciable e inconformista por naturaleza, hasta un nivel de paranoia y obsesividad muy dañinas. El ego es el "falso yo".

LOS 10 TIPOS DE EGO Y CÓMO TE LIMITAN

Esta lista presenta una síntesis, como una forma sencilla de identificar qué tipo de ego predominante tienes (o sus combinaciones):

Ego **SABELOTODO:** Es aquel ego que siempre cree tener la razón, le gusta dar consejos sobre todo, siempre contesta aunque no sepa, cree tener respuesta para todo, no se puede quedar callado.
Ego **INSACIABLE:** Es el ego "centro de mesa", no le gusta pasar desapercibido, hace cualquier cosa para llamar la atención.
Ego **INTERRUPTOR:** Su necesidad de autorreferencia es tan fuerte que interrumpe permanentemente, nunca deja que los otros terminen de hablar.
Ego **ENVIDIOSO:** Es el que no soporta los triunfos y éxitos de otros. Degrada a los que cree que son mejores que él.
Ego **PRESTIGIOSO:** Es el ego que busca aplausos, reconocimiento y admiración en todo lo que hace. Siempre quiere ser el mejor. Frecuentemente les dice a los demás: "te lo advertí", "yo sabía", "te lo dije, pero tú nunca me escuchas", etc.
Ego **JINETE:** Se monta de lo que dicen otros. Se aprovecha de los datos de los demás para su propio beneficio. Saca partido de lo que otros dicen para estructurar sus propias intervenciones. Es copión y usurpador.
Ego **SORDO:** Nunca escucha, le gusta hablar sólo a él, habitualmente finge escuchar.

Ego **MANIPULADOR:** Es aquel ego astuto que siempre se las arregla, ya sea tergiversando, acomodando, engañando, mintiendo o justificando para que las cosas resulten siempre a su favor.
Ego **ORGULLOSO:** Es aquel ego competitivo, discutidor, que no le gusta perder.
Ego **SILENCIOSO:** Es aquel ego que calladamente tiene un discurso paralelo, es criticón, hipócrita y enjuiciador.

Cinco ideas para empezar a aquietar tu ego

- Escucha antes de responder. Haz el esfuerzo consciente.
- Medita todos los días. Empieza por 5 minutos, y aumenta hasta completar una buena dosis de silencio y quietud interior.
- Evita sacar conclusiones apresuradas.
- Elimina del vocabulario la palabra "yo" iniciando todas tus frases. Puedes reemplazarla por otras expresiones para dar contexto cuando desees expresar tus ideas, por ejemplo: "desde mi perspectiva…", "quisiera aportar otro punto de vista", "una mirada diferente de este asunto es…".
- Si estás sufriendo y pagas las consecuencias por tu ego desbocado, busca ayuda profesional, siempre y cuando estés dispuesto a encarar este proceso en profundidad y contundencia: de lo contrario, no te funcionará. Será simple cosmética de tu personalidad que se niega a transformarse.

El egoísmo es una conducta que es más fácil de reconocer y percibir en los demás, aunque por lo general resulta difícil reconocerla en uno mismo, cayendo en la justificación de alguna actitud o situación donde nos hemos comportado así.

CÓMO SABER SI ERES UNA PERSONA EGOÍSTA

Para poder auto evaluarte y, a su vez, tomar consciencia de los demás, incluso de aquellos de este tipo de comportamiento, aquí tienes seis características de las personas egoístas:

1. Sólo piensan en sí mismos.
Por definición, el egoísta tiene un enfoque exclusivamente en sí mismo; no le preocupa ser odiado por los demás por sus actitudes. Sin embargo, como técnica de manipulación, se victimizará y utilizará una de sus armas favoritas, el chisme, para desprestigiar a quien no esté de acuerdo con lo que él considera correcto. Jamás piensa en el bien común, sino en qué tiene para ganar. Elige todas sus acciones de vida en función del rédito personal.

2. Manipulan las situaciones para salir beneficiados.
Los egoístas siempre están buscando la oportunidad para beneficiarse, aún a costa de la infelicidad de otros. Son capaces de pisotear e incluso difamar con tal de conseguir lo que quieren.

Llegan al extremo de no temer en romper amistades de años por pagar unos pesos menos en una cena compartida; o de robarle el amor de su vida a un hermano o familiar, con tal de pretender sobresalir y satisfacer su angustia interna.

Son ladinos y hacen de la trampa, la mentira y el engaño su forma de vida.

3. El compartir no está dentro de sus valores.

El egoísta vive su vida en un perpetuo intercambio: si me das yo te doy una migaja.

Dentro de la vida de relación, el egoísta será el que siempre te dirá que no si le pides ayuda, excepto que lo beneficie y con creces. Busca salir favorecido de alguna forma notable, en lo posible económicamente.

Le encanta pedir y pedir, pero no dar, ni tampoco hacerse responsable del efecto que causa su comportamiento egoísta: lo negará, ya que -en verdad- no lo reconoce: lo tiene tan incorporado que es habitual y hasta natural en él.

4. Son rencorosas y se ofenden cuando no procedes de acuerdo a lo que ellas quieren.

Como odia el éxito de los demás, la persona con egoísmo tejerá todo tipo de historias para que el otro pierda lo que ha alcanzado, y jamás expresará su felicitación ni demostrará alegría por algo que le es ajeno. Si aquel logro considera que debiera haber sido suyo, no cejará en su esfuerzo por demostrar y hundir a la otra persona utilizando cualquier tipo de argucia, incluso las más crueles.

5. Se apropian de sus cosas y no les gusta compartir.

El egoísta tiene un sentido de posesión distorsionado: todo lo que no puede acumularse para su propio beneficio, no es importante.

Por eso el egoísta no es la mejor persona para pedir ayuda, ya que por lo general no te la va a dar: te pondrá justificaciones, mentiras, dilaciones e historias de todo tipo para negarse, con tal de no ayudarte.

Sólo se presta a hacerte un favor si sabe que lo pagarás con algo mayor para él, o que lo podrá utilizar como forma de presión para el futuro.

También se arrogan de los logros de los demás: aunque no hayan movido un dedo para ciertas conquistas, el egoísta querrá simular que fue gracias a él.

6. Su lema es: mínimo esfuerzo y máximo provecho para ellos.

Para terminar, las personas egoístas tienen un principio de máxima eficiencia a su favor en toda su vida. Con un mínimo esfuerzo, quieren sacar un provecho mayor.

Discutirán todos y cada uno de los precios en forma obsesiva; no se dejarán aconsejar por personas con mayor experiencia -salvo que les beneficien-; se irán antes de un restaurante y dejarán el dinero justo -o menos- de lo que les corresponde de su parte.

Son fríos, calculadores y suelen tener una vida de mucha soledad, disfrazada de arrogancia y un pretendido estatus hacia fuera que no condice con cómo se sienten por dentro.

Es muy difícil convivir con personas egoístas, si bien están presentes en todas nuestras vidas. La clave si te toca hacerlo, es no pedir peras al olmo, y saber que, siempre, estarán antepuestos sus beneficios por sobre los tuyos.

Recuerda: nada hay de malo en amarse a uno mismo y ponerse en primer lugar; siempre que no seamos obtusos en ver la realidad, mirar alrededor y a los otros, y actuar como seres sociales que somos.

Busca equilibrar tu vida de formas saludables moldeando tus rasgos nocivos de personalidad. Así, en poco tiempo, empezarás a disfrutar de mayor libertad, autenticidad, flexibilidad ante las circunstancias cambiantes, confianza de verdad y mejores resultados en todos los aspectos de la vida.

LA DIFERENCIA ENTRE SENTIR COMPASIÓN Y LÁSTIMA

En el lenguaje cotidiano, para muchas personas el sentimiento de compasión y lástima es lo mismo; y es importante distinguirlos.

El término compasión proviene del latín *cumpassio*, asociado a la idea de tratar con simpatía las emociones y sentir junto al otro.

La compasión conforma una de las virtudes más elevadas de los seres humanos, que se manifiesta comprendiendo y compartiendo el sufrimiento de otro ser.

Así, mucho más que la empatía, la compasión es un estado mayor de percepción acerca de la comprensión de cuánto sufre el otro; y la acción que esto conlleva: el deseo de reducir, aliviar o ayudar a eliminar ese motivo de dolor.

La lástima se queda en una mera apreciación; es un sentimiento pasivo. En cambio, la compasión se distingue por ser un sentimiento activo de cercanía y sincera conexión con el que sufre.

En la magnífica obra de Rimpoche, "El Libro Tibetano de la Vida y de la Muerte" hay una frase que explica mejor este concepto: *"Si miras el sufrimiento ajeno desde el miedo, eso es lástima. Si miras el sufrimiento ajeno desde el amor, eso es compasión"*

El miedo y la lástima

Es frecuente que cuando ves una situación dolorosa en otro, la primera tendencia es a la de sentir lástima. Es una reacción casi inconsciente. Sucede que la lástima es una acción directa del miedo que nos produce el hecho de no saber cómo abordar lo que estamos presenciando u observando. Por eso, desde la lástima, no se promueve un cambio activo de la situación en sí; generalmente se la observa a distancia, sin acercarse ni acompañar "poniéndole el cuerpo y el alma". Apenas, la mente y cierta sensación de emoción.

El amor y la compasión

Cuando eliges conectar con el ser sufriente desde el amor, te acercas desde la compasión. Incluso cuando alguien se nos acerca desde este lugar lo sentimos honesto, como un abrazo cálido y reconfortante, incluso sin palabras.

La compasión verdadera es certeza de presencia.

La cualidad de la vulnerabilidad es también la que aparece en la compasión: la armadura que portas para defenderte da espacio a algo más profundo, sincero y empático.

Incluso cuando por una cuestión profesional necesitas tomar distancia del sufrimiento ajeno para poder ayudar a una persona, como en el caso de los que trabajan en temas de la salud, o de asistencia social -por ejemplo-, una dosis de compasión ayuda a la cercanía y a tender puentes, en vez de cerrar compuertas. Por eso que muchos profesionales eligen cerrarse ante el sufrimiento, y las relaciones pasan a ser en muchos casos impersonales o por obligación. Hay situaciones en que es lo mejor para que puedas entregar un nivel óptimo de tu atención y conocimientos, desapegándote a las emociones que podrían generarse. Aunque aún en los ámbitos mencionados hay excepciones, como esa enfermera amorosa y cercana que reconforta con su sola presencia; o aquellos que hacen del cuidar a otros, una destreza extraordinaria.

Compasión por nosotros mismos

En el caso de la autocompasión, muchas personas la confunden con victimización. Hay situaciones en que necesitas ser compasivo con tu sufrimiento, tratarte amorosamente aún en ese momento de quiebre personal, y atravesar lo que sientes de la mejor forma para convertirlo en experiencia de valor.

Así, la compasión se convierte en ***empatía puesta en acción,*** por cuanto asumes la oportunidad de conectar mejor con el otro, ayudar en sus necesidades en lo que esté a tu alcance y el otro lo permita; y también contigo, por ejemplo cuando conviertes eso que te hace sufrir en un aprendizaje como parte del proceso de vida.

En este caso, le pones pasión, entendida como la energía necesaria para cambiar la percepción lo mejor posible sobre lo que está viviendo el otro, o lo que tú mismo atraviesas. Se trata de hacerlo "compasión", legítimo acto de entrega auténtica, para ayudar a recomponernos de lo que se presenta como sufrimiento.

¿Es necesario sufrir con el otro?

Dependiendo desde dónde conectes con lo que está presente, el sentimiento de compasión no necesariamente implica que vivas tú en carne propia lo mismo por lo que pasa el otro. En muchos casos es posible que salgas arrastrado y no puedas ayudar a la otra persona.

En el caso de la autocompasión, es la alternativa que tienes: necesitas vivirlo a pleno para atravesarlo como parte del proceso.

Entonces, a veces *¿por qué te parece que sufres tanto tú como el otro?* Generalmente sucede cuando tienes la tendencia a querer dirigir al otro en cuanto a sus emociones y sentimientos. Quieres controlarlo, y esto produce dolor, ya que la persona puede estar en un momento de máxima sensibilidad.

Lo ideal es escuchar, acompañar y estar presente, sin demasiadas participaciones tuyas más que la del amor incondicional.

Puedes proyectar buenas intenciones, orar, extender un manto de luz, traer un mayor nivel de consciencia, o lo que consideres que -sin vulnerar el espacio del otro- aportaría para mitigar el sufrimiento.

Y exactamente lo mismo funciona contigo, internamente, cuando estás trabajando en tu autocompasión.

Otra manera de relacionarse con las personas y enfocarse en el mundo exterior es por medio de la crítica. Muchas personas viven tan concentradas en el afuera, que no se dan cuenta de la energía que pierden. Además, jamás obtendrán algo diferente ni superador para ellos, para los demás o para el mundo; puesto que la crítica te coloca en una situación de ser un obtuso con tu visión de la vida. Y, por si no te has dado cuenta.

7 COSAS QUE PIERDES CUANDO CRITICAS A LOS DEMÁS

Permanecer en actitud de criticar a los demás, no sólo no conduce a nada, sino que te perjudica más de lo que piensas.

Estas son 7 de las cosas que pierdes cuando criticas a los demás. Quizás quieras considerar dejar esta adicción tan negativa, y enfocarte en elevarte, crecer y progresar para tu bien, y por su salud emocional y mental.

Pierdes tiempo. Pasarte el día criticando a otros, no te lleva, siquiera, a poder ejecutar un plan de mejora en ti mismo. Como todo lo haces "hacia afuera", te restas la maravillosa oportunidad de la autobservación consciente, esa que te permitirá saber en qué aspectos puedes progresar.

Pierdes energía. Las personas enfocadas en la crítica, en vez de los aportes positivos, reconocen tener muy baja energía para vivir su vida. Esto sucede porque, cuando estás emocionalmente enfocado en criticar a todos, pensando que de esa forma cambias algo en tu vida, la de los demás o el mundo, derrochas tu capacidad de revitalizarte internamente. Drenas energía negativa, y lo único que te traerá de vuelta es más negatividad.

Pierdes actitud positiva. La crítica no conduce a nada, sobre todo aquella que no encierra oportunidad de mejora evidente. En ese caso, no sería una crítica, sino una observación para mejorar. El lenguaje es muy importante. Si te enfocas en apañártelas para decir las peores cosas -siempre desde tu perspectiva soberbia y ególatra del sabelotodo-, te desenfocas de ti. Te vas por otro camino, lleno de pozos y tropiezos. No te extrañe, entonces, que tu vida sea un fracaso, puesto que no estás generando un entorno positivo.

Pierdes autoestima. Uno de los peores resultados que tienes en tu actitud de criticón hacia todo es que tu autoestima está lastimada y sangrando. Drenas odio, bronca, resentimiento, y esto, en algún punto, se transforma en culpa. El ser interno -ese que sabe- puede devolverte tu actitud negativa con un profundo sentimiento de culpa. Al sentir estos sentimientos tan nocivos, tu autoestima se resiente. Ya no sientes valía personal y te costará mucho esfuerzo salir delante. Es habitual que las personas criticonas sientan que son débiles y que no pueden afrontar de buena manera los desafíos del mundo. Sucede así debido a que la energía que los mueve es negativa, y es lo que los ha carcomido por dentro. Lo que destilan hacia fuera, es lo que absorben por dentro. Son como un lanzallamas de un circo: siempre queda algo de alcohol dentro tuyo, por más que la llamarada va hacia fuera, y un gusto amargo en tu boca.

Pierdes la confianza que te tienen los demás. En un mundo revuelto, casi nadie quiere relacionarse con personas criticonas todo el tiempo. Menciono el "casi nadie" porque siempre están aquellos que sostienen el lema "la miseria busca compañía" a toda costa, y no asumen que cada vez que se enfocan en el afuera, criticando y denostando a otros sin hacer algo para cambiar las cosas en la realidad, van debilitando su espacio de confianza construido. Se va achicando, hasta desaparecer. Así, las personas criticonas suelen terminas solas y abandonadas. No hay quien las soporte.

El mundo no cambia con tu opinión: cambia con tu acción positiva.

Pierdes autocontrol. Al estar tan pendiente de lo que hacen los demás para asestarles tu crítica despiadada, dejas que el control emocional de tu vida, las riendas, las tenga eso mismo que exudas. Así, tu energía se va con tu crítica, y tu autocontrol pasa a ser "crítico-dependiente", por eso te pones cada vez más filoso e hiriente.

Pierdes equilibrio emocional. La crítica, al igual que la queja, no encierra ningún cambio positivo. Puede ser entretenida al principio, como mucha gente piensa acerca de los chismes. Sin embargo, cuando haces de esto tu forma de vida, tu bandera, tu emblema, encontrarás una gran dificultad para sentirte pleno en tu interior. Hay una parte de autoestima -como vimos más arriba- que está dañada, y sólo tu puedes repararla. ¿Te has dado cuenta de que criticas pensando en reparar algo dentro tuyo? Ya sea tu impotencia por el éxito del otro, tu inhabilidad para generar dinero, tu visión sesgada y personal acerca del otro y cómo debería comportarse. Piensa esto: cada vez que entregas el poder a otro, incluso criticándolo -en este caso, porque lo haces importante al dirigir tu energía crítica-, estás desgastando tu equilibrio interno. Además, quien critica parece querer tener razón, y el resultado casi siempre es infelicidad interna.

Tres recursos si quieres cambiar:

Acepta las situaciones y a los demás: apenas puedes cambiar algo de tu vida de vez en cuando. Entonces, busca entender -no necesariamente justificar- los puntos de vista de los demás: te atraerá ideas nuevas y expandirás tu consciencia de apertura.

Limita tus críticas y hazlas conscientes: logra un autodominio saludable.

Aporta soluciones: ya que vas a criticar, supuestamente deberías tener al menos tres opciones superadoras para mejorar las cosas. Si no es así, ahórrate el problema, y quédate en silencio si no vas a aportar nada constructivo.

Ahora ya lo sabes: todos los seres humanos hacen lo mejor que saben y pueden, aunque para ti pueda ser diferente. El ser un crítico de los demás y del mundo, no cambia las cosas. El mundo cambia con tu acción. Entonces tienes una elección que hacer: seguir así, o decidirte a cambiar, comenzar un camino de humildad y ser feliz.

5 PASOS PARA SER MÁS HUMILDE

Posiblemente la humildad sea una de las virtudes más difíciles de alcanzar, sostener o desarrollar. La definición del diccionario dice: *"La humildad es la virtud que consiste en conocer las propias limitaciones y debilidades y actuar de acuerdo con tal conocimiento."*

El término proviene del vocablo latino *humilitas*, que significa fértil. De allí que sea para muchas personas una de las búsquedas fundacionales de la raíz del Ser mientras transitamos este mundo. No tiene nada que ver con la posición social, como muchas veces se malinterpreta.

Lo opuesto a la humildad es lo que todo el mundo conoce con mucha crudeza: altanería, arrogancia, egoísmo, insolencia, pedantería, orgullo, soberbia, petulancia, presunción, vanidad.

El enfoque de este artículo es en cómo puedes desarrollar la humildad cada vez más, con el propósito de lograr mayor equilibrio y la paz interna, y no estar en posición de superioridad o guerra permanente. Desarrollar la virtud de la humildad requiere consciencia, corazón, voluntad y razonamiento; habilidad crítica con uno mismo, y dosis grandes de tolerancia, escucha y observación neutral.

A continuación, encontrarás una metodología específica para que puedas bucear más profundo, tanto de tu parte, como cuando afrontas situaciones con otras personas.

Todos tenemos una historia personal. Sin ser necesario que justifiques las actitudes de los demás, o intentes victimizarte porque no comprenden las tuyas, es posible situarnos en la posición de entender. Esto es, abrirnos a una nueva dimensión de percepción y conocimiento que va más allá de la apariencia. *Preguntas clave que puedes formularte para ir profundo en este punto:* ¿Qué me provoca esta reacción? ¿Por qué me comporto de este modo? ¿A qué tengo miedo? ¿De dónde surge la inseguridad que se transforma en agresión? ¿De qué me estoy protegiendo?

Pon de relieve lo bueno. Como no conocemos a fondo otra historia personal más que la nuestra, es necesario convertirnos en observadores precisos y más amplios que la propia visión. La visión interna que cada uno tiene, es un recorte de la realidad: no es, en sí misma, "la realidad" de las cosas. Es subjetiva, porque lleva nuestros filtros. Cuando empiezas a tener claro y manifiestas las cualidades positivas de los demás, tu humildad crece, en un gesto que da lugar a que esas virtudes se expresen. Crece lo bueno en ti, a la par que dejas que el otro también crezca. *Preguntas para profundizar*: ¿Qué aprecio realmente de mí o de la otra persona? ¿Qué emoción me domina en este instante? ¿De qué forma puedo gestionar mejor mis emociones si observo las situaciones con los lentes de la humildad?

Querer tener razón no es un buen negocio. Así se desatan las guerras y los horrores del mundo. Entonces, necesitas decidir de qué forma quienes convivir. *Preguntas*: ¿A qué me estoy resistiendo? ¿Qué pienso que pierdo si me quedo callado y aporto mi humildad? ¿De qué forma puedo contribuir a no generar un problema mayor?

Admite tus errores de inmediato. Muchas personas sienten que su orgullo está en juego si piden disculpas y expresan su arrepentimiento; lo que está muy lejos de la realidad: es un rasgo sumamente positivo y de alta valoración el hacerlo oportunamente. La soberbia irrumpe en esos casos, y no permite que se sanee la situación. *Preguntas para ir más a fondo*: ¿Qué creo que se pone en juego si acepto mis errores? ¿Cómo puedo ser más honesto -que significa "uno conmigo"-? ¿Cuál es la manera de superarme y no volver a cometer estos fallos?

Acepta el aprendizaje escondido detrás del error. Los fracasos, los conflictos e incluso las personas que te sacan de quicio son los mejores maestros para ejercitar tu templanza y tu humildad. Escucha en silencio. Espera antes de replicar. No te arrogues todos los logros; sí, debes asumir todos y cada uno de los errores que cometes. Esto te dará un gran entrenamiento que derivará en dosis de humildad y compasión hacia ti y los demás. *Preguntas:* ¿Qué estoy aprendiendo de esto? Si tuviese una visión de un ser superior, ¿cómo resolvería este problema? ¿Qué implicancia tiene mi falta de humildad al abordar esta situación? El no ser humilde, ¿me fortalece o me debilita?

Recuerda:
para saber que estás en el camino apropiado,
cuando subas una posición en la escala
de los triunfos, sube dos escalones de humildad.

CREENCIAS LIMITANTES: QUÉ SON Y CÓMO CAMBIARLAS

Una de las grandes barreras de lo que cada persona desea en su vida, son sus creencias. Una creencia es una idea que se ha internalizado tanto, que ha pasado a ser un rector de las acciones de la vida.

Las creencias son barreras invisibles que atan a las personas manteniéndolas siempre dentro del terreno conocido; les impiden tomar riesgos y decisiones; los traba en su evolución y dificulta su transformación personal. Asimismo, les resta poder personal para avanzar hacia sus metas.

Como se originan en el inconsciente, todo lo que "le digamos" a ese territorio de nuestra estructura psíquica scrá tomado tal cual. Es como el genio de la lámpara, que te concede deseos. Así, si te dices que como tu familia era obesa tú también lo serás, ya sabes el resultado. O que quieres un ascenso en el trabajo, pero hay una persona que es más hábil que tu... intuyes lo que va a pasar.

> Las creencias son construcciones subjetivas, no realidades.

Todo lo que te dices internamente, en base a tus creencias, se manifiesta en el exterior en los resultados. Por eso es fundamental el proceso de hacerte cargo de tu vida, con todo lo bueno y lo no tan bueno. En esencia, esto significa asumir tu completa e irrestricta responsabilidad personal, por sobre lo que piensas y lo que creas en el mundo físico.

Como las creencias son subjetivas, son una adaptación de la realidad de las cosas, para que encaje mejor en tu rompecabezas vital. Aunque parezca absurdo, todas las creencias limitantes son negativas, por cuanto restringen el enorme potencial que tienes para alcanzar tus metas.

Algunos ejemplos

- » Sobre cómo suceden las cosas: creer que todo es producto de la suerte.
- » Sobre las personas: toda la gente es mala; por lo tanto, todos me harán daño.
- » Sobre el dinero: tener plata es malo y sucio; y es de gente tenebrosa. Por eso es posible que no te llegue abundancia a tu vida.
- » Sobre tu mismo: creer que vales muchísimo, o que no vales casi nada. Todo esto conforma tu autoestima.
- » Conocimiento de sucesos: creer que algo ocurre por suerte. Estas influyen en nuestro potencial de actuar.
- » Sobre relaciones amorosas: todos los hombres/mujeres son iguales. Si ya me engañaron una vez, seguro esta persona volverá a hacerlo.
- » Sobre la capacidad intelectual: mi hermano es más inteli-

gente; yo soy un burro. Por eso me resigno a tener menos oportunidades.

Las creencias, entonces, se refieren acerca de ti, de otros, o de cosas y experiencias de la vida. Su poder influye directamente en los logros de tu vida.

Algunas creencias limitantes muy frecuentes

- No sé
- No se puede
- Es muy difícil
- No puedo hacer eso
- Merezco menos
- No merezco esta relación
- Soy egoísta / egocéntrico / tacaño, y cualquier otra por el estilo
- La gente envidia a los que triunfan. Por eso me conformo con poco.
- No valgo la pena. Por eso nadie me quiere.
- Prefiero ser bajo perfil, en vez de exponerme a tener éxito: eso trae problemas.
- Siempre fui pobre, y así voy a morir.
- No merezco que me quieran
- Soy desordenado
- Soy malhumorado, igual que -mencionas a alguien conocido, por ejemplo, tus padres-

» Jamás voy a cambiar
» Con todos los problemas que tengo, es inevitable ser así.

¿Te reconoces en alguna?

> "Tanto si piensas que puedes, como que no puedes, estás en lo cierto"
>
> Walt Disney

Dónde nacen las creencias

Son las experiencias en la primera infancia las que marcan el nacimiento de las creencias. Usualmente se basan en experiencias que observamos, o que sufrimos con dolor; y por eso nos marcan muy fuerte en ese frágil aparato psíquico que estás desarrollando.

También en esa etapa los padres o las personas con quienes te has criado tienen una fuerte influencia con sus palabras, conceptos y preceptos de vida. Si has crecido en un entorno positivo, estimulante de tu potencial y habilidades, seguramente no te limitarán demasiado. Todo lo contrario, te trae una experiencia negativa, y por lo tanto, considerarás las creencias como el paradigma (una creencia a la que le has entregado todo el poder, razón y no te has animado a desafiar).

Cómo descubrir y empezar a cambiar tus creencias limitantes

La única forma de cambiar una creencia limitante es por otra creencia que te potencie y te estimule; es decir, exactamente lo opuesto.

Como en todo, no basta con determinar cuál es la limitación, sino que es fundamental experimentar en la vida diaria el opuesto: la creencia que te ayuda a tu expansión.

Puedes hacer este ejercicio tu sólo o con la asistencia de una persona de suma confianza.

Tomarás esta secuencia de preguntas, y las responderás una y otra vez, durante un largo tiempo (por ejemplo, sesiones de trabajo de 30 minutos; varias hasta que sientas que estás descargando parte de estas limitaciones, al menos en lo verbal y expresivo en esta primera instancia):

Responde con honestidad:

Escribe en una libreta una lista gigante de tus creencias limitantes; cuantas más coloques, mejor será el proceso. No te conformes con 5 o 10; coloca 100 o 500. Con ese material, formúlate estas preguntas en este orden. Cuando terminas una secuencia, toma rápido registro del resultado, y empieza de nuevo con otra de tus creencias limitantes.

» Menciona una creencia que sabes que te limita
» Describe con todo detalle cómo te limita. Enfócate en ti; habla siempre en primera persona del singular ("Yo siento que...", que es lo contrario a "ellos me hacen sentir...")

» ¿Cuál es la creencia no limitante exactamente opuesta?
» Describe cómo sería aquella situación del punto dos si la vivieses sobre la base de la creencia no limitante.
» Establece un próximo paso que asumirás con responsabilidad para estar más consciente y en acción respecto a ejecutar en la práctica tu creencia no limitante.
» Y así, repites una y otra vez.

A la par, es importante que empieces a cambiar tu autocharla negativa, ya que está basada en las creencias limitantes.

Cada vez que te dices por dentro "no puedo", "no sé", "no soy merecedor", eso es exactamente lo que estás produciendo para tu vida. Decir "Yo puedo", "Quiero hacerlo", "Pondré mi mayor esfuerzo", "Elijo estar bien", son creencias positivas que te ayudarán a conquistar más rápidamente lo que anhelas de corazón.

Cuando más profundo vayas, mejor será el resultado que obtendrás. Lleva un registro escrito de cómo vas evolucionando. No te preocupes si no te resulta automáticamente: lleva tiempo cambiar años de creencias limitantes.

Nos centraremos en una de estas creencias limitantes, "Siempre fui pobre, y así voy a morir". Lo sé por experiencia: haber crecido en entornos de escasez y desafíos permanentes, llevan a acostumbrarse a pensar de una manera contraria a la abundancia que está disponible en el mundo. Desde esa perspectiva, todo parece imposible y destinado para otros. Sin embargo, cambiando las creencias, es posible transformar la mentalidad de pobre.

CÓMO CAMBIAR UNA MENTE POBRE

Jack Ma, el multimillonario dueño del emporio Alibabá.com, el mayor comercializador de productos de oriente, tuvo una vida familiar de gran restricción en todos los aspectos. Si a eso le sumamos más de 15 fracasos seriales, incluyendo ser expulsado y no ser aceptado en prácticamente cuanto lugar se presentaba para estudiar o trabajar, es un caso digno de tomar en cuenta, por la potencia de su desarrollo empresarial, cambiando los paradigmas limitantes.

Hace tiempo compartió en una entrevista lo que él define que es la mayor esclavitud que sufren las mentes pobres. Textualmente, Jack Ma afirma: *"Es imposible complacer a las mentes pobres"*

Y explica:

"Dales algo gratis, y piensan que es una trampa.
Diles que es una pequeña inversión, van a decir que no ganarán mucho.
Invítalos a invertir en su mente, te responden que lo harán cuando tengan dinero.
Invítalas a invertir en grande, dirán que no tienen dinero.
Invítalos a probar cosas nuevas, te dirán que no saben cómo hacerlo.
Invítalos a un negocio tradicional, dirán que es difícil de hacer.
Diles que es un nuevo modelo de negocio, van a decir que es una estafa.
Diles que inicien un nuevo negocio, van a decir que no tienen experiencia.

Las mentes pobres tienen algunas cosas en común: Ellos aman preguntar o "investigar" en Google, escuchar a los amigos que están tan desesperados como ellos, piensan más que un profesor universitario y se mueven menos que un ciego guiando a otro ciego.
Sólo hay que preguntarles, ¿qué quieren hacer? No van a ser capaces de responder.

Mi conclusión: En lugar de esperar a que las cosas cambien, ¿por qué no actúas y haces que las cosas cambien?; en lugar de sólo pensar en ello, ¿por qué no hacer algo al respecto? Los pobres fallan debido a un comportamiento común: Su vida entera se trata de esperar y esperar."

Obtienes aquello en lo que te enfocas

Jack Ma explica en esas palabras su propio proceso; que es el mismo de millones de personas de todo el mundo que, superando cualquier adversidad, han logrado su libertad financiera, y de abundancia en diferentes aspectos.

El simple hecho de dejar de esperar el mejor momento para encarar algo, ya te limita para alcanzar algo, puesto que el instante óptimo nunca llegará: cuidado con las trampas que le haces a tu mente. La mente funciona como el sabio de la lámpara de Aladino: te concede los deseos, incluso aquellos que van en contra tuya.

Si piensas que es posible esforzarse, dedicarse de lleno y abrir nuevas oportunidades, esto ya te coloca en una posición de avanzada respecto al resto. Nadie lo hará por ti; nadie vendrá a buscarte, ni habrá un hada con su varita mágica para activarte: todo depende de ti mismo. Esto no es ni mejor ni peor, es, sencillamente, diferente a cómo funciona la mayoría de las personas con mentalidad de pobre.

La mente pobre piensa que necesita dinero para hacer algo; la mente abundante piensa que si tiene una idea y la lleva a la acción, puede conquistar mucho más.

La mente pobre habla de fracasos y de los otros; la mente abundante piensa acerca de cómo puede seguir creciendo, compartir con otros, y se pone feliz de los logros ajenos.

La mente pobre se queda enfrascada en el "no se puede"; la mente abundante dice "yo puedo" y no para hasta conseguirlo, por más tropiezos que haya.

Esto significa que, si tienes una mente pobre, es porque tú lo permites, y estás entrenándote para que todo vaya en ese sentido. Suena duro; es así. Peor es vivirlo.

Ejemplos cotidianos

Persona de mente pobre: "Quiero viajar a una playa del Caribe. Pero seguro se caerá el avión."; "¿Para qué vas a ir a tomar café con tus amigos al bar del pueblo, si aquí, en casa, hay café?"; "No gastes ni te des gustos: eso es para los ricos."

Persona de mente abundante: "Quiero viajar a una playa del Caribe; estoy buscando la experiencia de descansar y pensar mi próximo negocio para aplicarlo este verano en mi ciudad.";

"Voy a tomar un café con mis amigos al bar del pueblo; seguro que algo nuevo voy a aprender. Y si no es así, igual me voy a divertir."; "Me doy un gusto de vez en cuanto, porque me hace bien, es lo que quiero hacer en este momento, puedo y me lo merezco."

> Enfócate en la experiencia de abundancia;
> y eso es lo que obtendrás.

Obtienes aquello en lo que te enfocas, porque tu energía sigue al pensamiento.

Si tus pensamientos son de carencia y de restricciones ("Soy pobre", "Nunca llegaré a ser libre", "Este es un sistema que excluye a todos", "Nunca saldré de mi estado actual", "Si nadie me ayuda, es imposible"), es exactamente eso lo que obtendrás, y te llegará multiplicado.

¿Por qué funciona de esta forma? Porque en tu inconsciente, que es el nivel interno no consciente que rige tu vida, hay una fuerza muy poderosa que no discierne lo que es verdad y lo que no para tu bienestar.

Si tu ordenas algo, el inconsciente lo toma tal cual; y se esfuerza por ejecutarlo de acuerdo a esas máximas que tú mismo le has impuesto. Una persona desea bajar de peso, y su lema en el inconsciente es "Soy gordo. Ya intenté de todo y no bajo de peso". El inconsciente no interpreta que debe ayudarte a sentirte libre de esos kilos de más: lo que hace es reforzar ese pensamiento, porque has dicho muy claramente "SOY gordo". Quiere decir que le diste una orden tan terminante y sin dudas, que sería imposible ayudarte a reducir tu peso.

Salir de una mente pobre requiere esfuerzo, confianza y persistencia.

5 pasos para cambiar una mente pobre

1. La mente pobre no reconoce el estado actual como temporal. Los seres humanos se esfuerzan en la polaridad de las cosas: malo-bueno, gordo-delgado, pobre-abundante (entendiendo abundancia como cualquier aspecto de la vida, no exclusivamente dinero). Si, en cambio, te entrenas en afirmar tu estado actual con la probabilidad cierta de cambiarlo, podrías pensar (y en el tiempo, manifestar en la vida) de una forma más positiva agregando "por el momento" al final de cada frase. De esta forma le estás abriendo una puerta de innovación a tu inconsciente, para que coopere a tu favor.

2. La mente pobre antepone lo negativo. El 85% de la conversación interna y externa de una mente pobre tiene connotación negativa. Esto proviene de su propia creencia de imposibilidad, por lo que es difícil que pueda evolucionar. Porque no ve una salida, y cree no tener las habilidades para evolucionar, es que la mente pobre quiere tomar ventaja y que le den todo servido. Cree que tiene que haber un "Robin Hood" para salvarse. Es necesario cambiar la forma en que te comunicas, y desde allí, operará el cambio progresivo hacia una consciencia en positivo.

3. La mente pobre se queda anclada en el pasado. Como no encuentran una salida positiva, prefiere recordar y hacerse la víctima con todos los episodios por los cuales ratifica su condición de pobre. Tan es así que, ni bien se presenta una posibilidad optimista, la tira abajo anteponiendo el "no" que guía su vida. Si empiezas a darte el permiso de vivir, sentir y pensar que "sí es posible" algo bueno y mejor para ti, desde ese mismo instante habrá una energía ilimitada disponible para ayudarte, si así lo facilitas de tu lado.

4. La mente pobre es cómoda. No le gusta trabajar por sus metas ni moverse. Le encanta criticar a los demás, por eso suelen estar en conflicto con cuanta persona productiva se cruzan en la vida. ¿Conoces familias enteras de inmigrantes en tu país, con negocios muy prósperos y a los que le dedican gran cantidad de horas de lunes a domingos? Seguro que sí. Si ellos pueden, ¿por qué no tú? No hay nada que te haga diferente: simplemente, tu actitud. Como no quieres asumir retos, te quedas cómodo donde estás. De esta forma, te acostumbras, y es más fácil ser un observador pasivo de la vida, que moverte en las siempre sinuosas aguas de la transformación y evolución consciente. Piénsalo: todo está en ti y en dónde fijas tu atención.

5. La mente pobre no acepta los éxitos: por eso envidia a los que sí lo tienen. Le parecen obra de la casualidad, de la buena suerte; vive comprando billetes de lotería (y jugando los mismos números por cábala), sin darse la oportunidad de ayudar a salir de su presente. Hay miles de historias inspiradoras de personas que perdieron todo, y se reconstruyeron. Sé una de ellas. Nada te lo impide, excepto tu mente de pobre.

Si ya eres adulto, y tienes más de 15 años, puedes pensar, actuar y decidir por ti mismo, y empezar a moverte en un sentido positivo para crear la vida que te mereces. Asume tu responsabilidad personal: seguramente no será sencillo, aunque, asegurado, al final vale la pena cada segundo invertido para salir de ese estado de pobreza interna que no te permite crecer.

De esta manera, ese esquema mental o idea que has decidido conservar, conforman un arquetipo a través del cual representas el mundo. Esto se llama paradigma y puede limitar mucho tu desarrollo personal.

Sin importar que esa representación quizás ya no tenga valor para ti -porque se basa muchas veces en lo que has aprendido hasta los seis o siete años de edad -, por algún motivo eliges conservarlo, aunque no sirva, actualmente, para crear la vida que quieres.

EL PARADIGMA Y CÓMO PUEDE LIMITAR TU DESARROLLO

Desde que nacemos la interacción con los demás en distintos niveles (físico, mental, emocional, biológico, cultural), conforma un gran álbum de paradigmas, que se manifiestan a través de las creencias. Es así como tienes un manual con el que operas tu vida.

En palabras sencillas: para casi cualquier situación tienes preconcebida de antemano un estímulo/respuesta -muchas veces en automático-, que no te permite evaluar si eso, hoy, hace sentido para ti. ¿Entonces, por qué los conservas? Por seguridad a lo conocido; por dificultad para cambiar tus creencias y seguir apegado al deber ser que aprendiste; y por inhabilidad para gestionar los cambios.

El dilema

Entrampados en los paradigmas, llega un momento donde quieres cambiar, transformarte y evolucionar, y, sin embargo, hay algo instalado dentro tuyo que no te lo permite. Este estancamiento provoca desazón, ira, frustración, inseguridad interior, desesperación y severas consecuencias en la salud, por cuanto no sabes cómo salir del pozo.

Sin embargo, hay salida. Si logras asomarte a ese umbral de cambio que está frente a ti; si te animas a mirarlo a los ojos sin compadecerte ni victimizarte, verás la solución más allá del problema.

Así como se instaló un paradigma (que es una creencia a la que le diste tanto poder que ya no la discutes), puedes desactivarlo para avanzar.

Aquí tienes 5 caminos para empezar ya mismo:

1. Reconoce tus fortalezas y poténcialas. La mayoría de las personas reconoce mucho más claramente sus debilidades. Cuando logras hacer exactamente lo contrario, entras en un proceso de expansión (y no de contracción) para llegar tan alto y tan lejos como quieras.

2. Potencia tu Ser. Trabajar internamente en tu Ser es otra clave esencial, ya que millones de personas se esfuerzan mucho en el "hacer" y en el "tener", buscando una experiencia trascendente para su vida. Y el camino es al revés, empezando por el "Ser".

3. Acepta las limitaciones. Ya sea que arrastres traumas del pasado -que una buena psicoterapia te ayudará a resignificar- o que no sepas por dónde arrancar el cambio que anhelas, necesitas conciliarte internamente en vez de pelear con el problema. Siéntate encima, asúmelo, profundiza en sus raíces, y empieza a desactivarlo desde allí.

4. Busca apoyo. Un coach, mentor, terapeuta o councelors profesionales y con años de experiencia pueden acompañarte para trabajar tus paradigmas. Es posible empezar a ser más flexible y asumirlos como parte de tu historia. Lo bueno es que no necesariamente deben guiar tus pasos actuales.

5. Construye sobre pilares más fuertes. Cada vez que te estancas en una creencia que ya no te conduce a nada, estás trabando tu evolución. Necesitas hacer cimientos nuevos de tu Ser, para proyectarte desde ahí. Se requiere trabajo fuerte, como una abeja que produce todo el día. Conviértete en ese buscador laborioso en forma permanente.

No hay soluciones mágicas ni recetas universales. Necesitas implicarte al ciento por ciento para alcanzar un resultado distinto. Y eso sólo depende de ti.

En contrapartida a esta forma de pensar que atenta con nuestro crecimiento, existe un comportamiento que limita nuestro desarrollo intelectual. Este fenómeno muy recurrente en estos tiempos líquidos, lo denomino "avidez superficial". Se trata de todo lo que expresa una persona acerca de un supuesto interés en un tema o causa en particular, pero no hace nada para profundizar.

AVIDEZ SUPERFICIAL: EL COMPORTAMIENTO QUE LIMITA EL CONOCIMIENTO

Para comprender este concepto, podemos graficarlo rápidamente: es la diferencia entre hacer snorkel o buceo: en la primera sólo verás la capa superficial y mantendrás el control todo el tiempo; en la otra, podrás ver más profundo y pueden presentarse imprevistos en ese viaje a lo desconocido, porque te sumerges en un mundo nuevo.

Así, por ejemplo, es frecuente escuchar la queja de quienes expresan su desazón porque "no hay oportunidades", "no hay cursos ni capacitaciones aquí cerca" o "esas cosas pasan en las grandes ciudades"; y, sin embargo, ni siquiera se acercan a participar de los actos, espectáculos, cursos y conferencias, ni a las bibliotecas de su propia ciudad. Lo mismo sucede con los que se quejan de algo en las redes sociales, o suman su crítica o comentarios socarrones hacia las personas que construyen nuevas realidades, pero no aportan nada significativo desde su cómodo sillón de observador.

Lo mismo pasa cuando se muestran interesados en participar de un curso, y, con la excusa económica, terminan invalidando esa propuesta: lo curioso es que es muy probable que haya muchas otras opciones a pocos metros de distancia, y tampoco lo toman. Y, peor aún, el hecho de que, si se abre la oportunidad de tomar el mismo curso gratis, tampoco irían inventándose una serie de excusas.

Es decir, se quejan, muestran una avidez totalmente superficial; y, si dan el paso para participar de alguna experiencia de aprendizaje, su nivel de involucramiento es tan por encima que se pierden la sustancia de lo que podrían haber capitalizado.

Algunos ejemplos de avidez superficial

- » La persona manifiesta estar interesada en algo, y no hace nada por conseguirlo.
- » La persona pone excusas como "avísame con más tiempo la próxima vez" o "justo ese día no puedo".
- » La persona piensa que tiene derecho a que le den todo servido.
- » La persona se resiste a hacer su parte de ejercicio intelectual.
- » La persona se basa más en el símbolo (estatus, fama) que en la experiencia real.
- » La persona abusa del que comparte conocimiento.
- » La persona quiere recetas rápidas para solucionar los problemas de su vida, y que las ejecute otro. Es más cómodo no involucrarse ni siquiera en mejorar.

La esencia de la avidez superficial

La avidez superficial nace de un pretendido sentido de profundidad que una persona quiere mostrar hacia afuera; sólo que, por la propia dinámica de lo profundo, eso se construye exactamente al revés: desde adentro.

Surge así la dicotomía entre el "quiero" y el "no hago nada para conseguirlo"/"no me tiene que costar".

Este comportamiento limitante está tan arraigado que se basa en el principio de comodidad, donde la persona busca ser satisfecha sin apenas mover un dedo.

En muchas personas de todas las edades, el valor del impulso hacedor del otro es un bien poco considerado; de allí que, por ejemplo, hay tanta liviandad al desconsiderar el trabajo del otro: no se pone en la balanza cuánto ha invertido esa persona para formarse, capacitarse y para llevar adelante su carrera. Lo quieren tener, y al menor costo posible.

También surge de una aparente sensación de plenitud cuando se tienen conocimientos dispersos y superficiales de muchas cosas, sin que la persona se comprometa a ir profundo para ser un excelente profesional. Es el caso del estudiante que cumple la tarea para "apenas" sacar la nota que le permita zafar de un examen.

Otro condimento de avidez superficial es la *liviandad de los bebés*, que se manifiesta cuando la persona quiere que le den la *papilla completamente procesada*. Este efecto produce un entumecimiento en sus propias capacidades para generar algo de valor dentro de sí, y lo limita de sobremanera para ponerse metas más altas y avanzar. Porque en tanto se mantenga en la superficialidad es poco probable que profundice en su autoconocimiento, con lo rica que podría llegar a ser su experiencia de vida.

Finalmente, otro rasgo de avidez superficial es la urgencia: el típico ejemplo es cuando alguien solicita algo en particular con un sentido de ansiedad y urgencia tal, que, una vez conseguido, no es respondido ni siquiera con un gesto de agradecimiento; lo que, en sí mismo, es desconsideración por el otro.

5 claves para superar la avidez superficial

1. Practicar el compromiso genuino con lo que la persona quiere: es preferible pocas cosas bien hechas, que muchas por la mitad.
2. Establecer prioridades en cuanto al conocimiento al que se quiere acceder: definir los temas y ejes en los que desea involucrarse, y hacerlo a fondo.
3. Advertirse conscientemente cuando esté navegando en su avidez superficial: entrenarse para que surja una alarma interna que le permita corregir el rumbo.
4. Evitar acciones pretenciosas que fomenten la avidez superficial.
5. Aprovechar al máximo las oportunidades que se presenten, si van de acuerdo con su plan de vida y los temas en los que esa persona quiere profundizar. De lo contrario, si no lo llevará a consciencia, elegir no participar en esas experiencias.

Si logras ver más allá, hay increíbles oportunidades que se abren cada vez que te animas a pedir con fe.

La fe, que es innata a todos los seres humanos, y es más que esperanza. La fe nace del interior, y la esperanza, es una mirada puesta en algo superior o el afuera, que tal vez "te salve" de lo que estás atravesando.

Una gran clave para apoyar la fe es el confiar, sabiendo que todo lo que llega es por algo, y que, en el momento, quizás no encuentres demasiado sentido (sobre todo cuando viene cargada de experiencias que defines como dolorosas o complicadas). Sin embargo, el confiar implica una sincera entrega, un abrirse a lo nuevo y esperar. Simplemente fluir.

CUIDADO CON LO QUE PIDES

El proceso de fe, de confiar y de abrirse, nace en la mente y emociones, en la conformación de un proceso que se basa en tus expectativas. Como dice la escritora francesa Anais Nin, "Nosotros no vemos el mundo como es, sino como somos nosotros". Ponemos filtros, consideraciones y miradas propias de nuestra vida tal como la hemos vivido hasta ahora.

La buena noticia es que esta vida que tengo hoy, no es la única, y puedo crearme una nueva desde el momento de decidirme y tomar acción. Pensar está bien, aunque ponerse en acción, permanentemente, es mucho mejor.

No hace falta crear grandes obras, ni salvar a todos los que pasan hambre en el mundo –aunque estaría espectacular lograrlo– para sentir que tu vida tiene sentido.

La diferencia está en las expectativas y en la forma de pedir. Pedir y pedir-me.

Cuestión de expectativas

Cuando te comunicas con otros, y contigo mismo (pedir-me) muchas veces sobreactúas y exageras al punto de dramatizar las situaciones. Comienzas con un simple anhelo, meta o sueño, y terminas poniéndole la suficiente carga dramática como para exacerbarlo a tal nivel que queda desproporcionado respecto al objetivo inicial.

La claridad al pedir trae un resultado concreto

Otra clave al pedir es la claridad: cuando más precisión, mejor resultado. Está probado científicamente que es posible ser feliz, tener una vida placentera y equilibrada en todos los ámbitos de la vida –y remarco: en todos los ámbitos de la vida- si fluyes en el devenir del día a día, con pequeños pasos y ajustes que te conduzcan a ese sentido de plenitud y vivencias que quieres alcanzar. Por eso es por lo que conocerás a muchas personas que, aun pasando situaciones realmente desafiantes, se sienten felices y fortalecidas. Esto no implica, en manera alguna, que este proceso sea grato o que no hayan atravesado grandes dolores. Representa la voluntad, la fe, y el poder hacedor desde donde cada persona pide para sí, y para los demás, sabiendo que cada experiencia se nos presenta por algo; y es entonces, cuando la vida comienza a cobrar sentido.

Entonces, si te entregas de corazón y aceptas silenciosa y humildemente las situaciones, seguramente saldrás más fortalecido y más entero. Si resistes, persiste eso que me duele. “Lo que resistes, persiste”, dicen los maestros.

Algunas claves para saber pedir

- Ten fe en que es posible para ti.
- Vívelo como si ya estuviese presente en tu vida ("hacer como si", sin actuar una vida que no es tuya).
- Manifiesta lo que quieres en forma positiva y consciente.
- Escribe tus pedidos y revísalos diariamente.
- Diseña un "mapa" mental y emocional de cómo eso que pedís, cambiará o influenciará tu vida.
- Haz este pedido siempre en positivo y utilizando palabras dinámicas que te inviten a la acción (por ejemplo: "Estoy ejercitando mi cuerpo con alegría, recobrando mi salud y vitalidad día a día").
- Evita comentar tus pedidos; esa energía que estás creando es tuya, propia y personal. Es un regalo que te haces para conquistar mayor plenitud y felicidad.
- Si bien evito los rituales, si con estas acciones del campo físico te sientes cómodo, ¡adelante! A veces necesitamos ayudas externas para centrarnos y sintonizarnos.
- El pedir es un estado de ser, interno, profundo, sincero, callado. No hace falta la presuntuosidad, el barroquismo al expresarlo, ni crear condiciones especiales.

Finalmente, verifica los hechos que se van presentando a partir de que comiences a experimentar tus pedidos, por pequeños que sean. Mantente atento a las señales, que, sin dudas, comenzarán a aparecer.

No es magia. Se llama sincronicidad. Y llega sólo cuando estás abierto a recibir lo mejor. Recuerda: en lo que piensas, es en lo que te conviertes. De ti depende.

Capítulo 3

Atravesando los desafíos

CUÁL ES TU ÁREA DE DESAFÍO EN LA VIDA

Todos tenemos una gran área de desafío en la vida, esa que es recurrente y se repite con mucha frecuencia.

La totalidad de los seres humanos atraviesan momentos complejos que van marcando su vida. Estas áreas de desafío pueden convertirse en grandes maestros, por cuanto proveen la entereza, coraje y valor necesarios para aprender a reponerse y proyectarse hacia el futuro.

Si lo sabes capitalizar en positivo, el sufrimiento, la desazón y la poca visión que presentan esas etapas, pasan a ser escalones de transformación y evolución. Entonces, ¿por qué tan pocas personas las asumen de frente? ¿Y cuál es el motivo por el que millones de seres humanos las esquivan y no les hacen frente?

Básicamente, por miedo.

Las personas actúan en positivo y negativo a través del miedo, una emoción que puede permitirles proyectarse hasta el infinito, o quedarse recluidos dentro de sí, no alcanzando a superar lo que les pasa.

Reconociendo tu área de desafío

Como los problemas son inherentes a la condición humana, es necesario que asimiles la idea de que, *viviendo en este mundo, necesitarás aprender a convivir con los desafíos.*

Sin embargo, **todos tenemos UN área de desafío que prevalece claramente por sobre las demás**. Es un área basal, que forma parte de nuestras lecciones a aprender en el paso por el mundo.

Un breve ejercicio

Observa tu vida en perspectiva; toma consciencia acerca de ese aspecto problemático recurrente que aparece siempre una y otra vez. ¿Ya lo tienes? Es posible que justo esa sea tu área de desafío principal.

Esto significa que, si bien habrá inconvenientes y tropiezos en diversas áreas, la repetición de desafíos, por lo general, suele estar basada directa o indirectamente en ése área desafiante para ti.

> Si es un gran desafío, hazlo tu gran maestro.

Las 6 principales áreas de desafío humanas

En un análisis de los comportamientos humanos he concluido que éstas son las principales áreas de desafío más frecuente entre todo tipo de personas. Se excluye su nivel social, formación, estudios, entornos sociales: todo eso no resulta tan preponderante, debido a que la construcción del desafío es interna, si bien en ciertos casos lo de alrededor influye.

Esta información la he tabulado a partir de más de un millón de casos en los que he trabajado directa o indirectamente a través de seminarios, talleres, cursos, conferencias, coaching personalizado, libros y materiales de estudio. No representan una verdad absoluta, sino que lo comparto como un punto de referencia que, quizás, te ayude a tomar consciencia de dónde estás en tu vida, aquí y ahora.

La salud

Muchas veces hay condiciones fisiológicas que no permiten que disfrutes de una buena salud. La pérdida de salud es uno de los mayores duelos de los seres humanos. Sin embargo, hay personas que parecen darse lástima a sí mismos por esta situación. Y también hay otros que hacen del problema su fortaleza, y vuelven a levantar vuelo como águilas a las que nadie las detiene. ¿Has visto los deportistas paraolímpicos y los que superan enormes problemas de salud y siguen adelante? Que sean tu meta y referencia. Practica la disciplina con tu cuidado personal. Incluye la higiene verbal de tus palabras y la de tus emociones, para no contribuir en seguir drenando problemas más allá de lo necesario. Apóyalo con tu mejor actitud cada día.

La pareja

La confusión de la intimidad sexual con el amor, y de los vínculos ocasionales con la *sensación* con la pareja es otro de los problemas muy frecuentes en el mundo. Si no encuentras pareja, quizás puedas concluir que "no estás solo", sino que estás "sólo de pareja". Es una gran diferencia para flexibilizar tu pensamiento totalitario negativo, que no te ayuda a sentirte mejor. Piensa con los pies sobre la tierra sobre qué tipo de vínculos quieres tener. ¿Hay alguno que te ata al pasado aún hoy? Quizás sea hora de soltarlo, para estar mejor.

La soledad

La vida en soledad se hace dura. Aquella vieja creencia de que la soledad es mala consejera, intenta decirte que agarres lo primero que anda suelto, con la ilusión de que te sentirías menos solo. La soledad se siente sólo o acompañado; es una expresión y enfoque interno. En un sentido filosófico, te tienes a ti cada día. Si te llevas bien contigo, es posible sobrellevar la ausencia de otro de mejor forma. El añorar estar todo el tiempo acompañado -como sucede con aquellas personas que salen de relaciones y al día siguiente ya están iniciando otra sin tal vez sentirlo-, son síntomas de una soledad no asumida y mal resuelta. Piensa qué quieres, qué entorno deseas construir, y, sobre todo, qué estado interno anhelas. Llena de sentido tus momentos sin otro; descubre tu propósito de vida; haz algo útil con eso. Disfrútalo y verás que, el día que menos lo busques, puede que aparezca algún pasajero en tu ruta por la vida.

El dinero

El desafío del dinero es otra de las muy recurrentes en las personas. El sentido de carencia se conecta con el miedo a merecer algo mejor. Yendo profundo, la mayoría de estas personas han sido inculcadas -y ellas han permitido creer- que el dinero es malo, sucio, mal habido y que solo trae problemas. Desde esta perspectiva siempre serás escaso con el dinero. Otra gran contradicción es que "a menos dinero, menos esfuerzo": así es prácticamente nula la posibilidad de salir de ese círculo vicioso. Y una más: "menos dinero, menos problemas" ¿Has oído eso?

El éxito existe, pero debe encontrarte trabajando, dice una frase célebre. Reconócete si estás peleado con el dinero, por ejemplo, si alguna vez te estafaron es posible que allí surgió esta creencia que se reforzó y se hizo un paradigma; o si te dices a ti mismo y a otros que eres pobre. Necesitas trabajar con el sentido de merecimiento para que la abundancia se haga presente -no solo en dinero, sino en todos los aspectos-.

La alegría

En el caso de las personas tristes y permanentemente melancólicas, de no existir ninguna psicopatología, significa que la alegría, el estado de contento y los momentos de felicidad pasan de largo en esa vida. Están marchitos. En verdad, los momentos de felicidad están, existen y llegan; sólo que esa persona no puede registrarlos y los transforma en un lamento. La alegría es un estado interno. No existe nada externo que pueda generarte esta emoción tan positiva. Si tu vida es gris y apagada, observa tus pensamientos, ya que es muy posible que, si son negativos todo el tiempo, justo eso es lo que estás generando inconscientemente. Sugiero que escribas un diario de gratitud cada día: registra las cosas por las que estás agradecido, por pequeñas que sean. Hazlo importante, no lo dejes pasar. Reléelo los domingos, y entusiásmate de a poco con acciones que no te cuesten demasiado: marcarán la diferencia.

La autoestima

Si has tenido una vida muy dura, es posible que haya mellado tu autoestima. Debes saberlo: no hay problema tan grande que no puedas superarlo. Esto no significa que debas justificarlo: hay cosas injustificables desde cualquier punto de vista, sobre todo si se ha dañado alguna parte de tu estructura psíquica e integridad. Dale la vuelta a esos acontecimientos. Persigue instantes de plenitud. Nútrete de lecturas y actividades positivas. Hay muchos recursos gratuitos en el mundo. Haz lo que te gusta y apasiona; encuéntrale el sabor. Y una que no falla: ríete cada día más. Al principio puede que tu sonrisa sea forzada; pronto será más espontánea. Incluso el horror y la tragedia son puntos de referencia muy buenos cuando queremos evolucionar. Dan cuenta de tu fortaleza y de todo lo que eres capaz de hacer para seguir adelante.

Pronto verás como tu vida adquirirá un vuelo que no soñabas, y, pese a que esa área de desafío tal vez permanezca, ya no tendrá tanta preponderancia en el total de tu vida.

En relación con esto, otro concepto que atraviesa nuestra existencia y la dota de sentido es la misión de vida. En tiempos donde por lo general la mayoría de las personas viven corriendo tras metas y objetivos, a veces es bueno preguntarse si estamos alineados con nuestra misión de vida.

4 formas concretas de saber si estás cumpliendo tu Misión de vida

Al menos en lo que se refiere a este apartado (y, una vez más, puede haber múltiples interpretaciones), un enfoque es entender la misión como la herencia espiritual -no en el sentido religioso, sino del Ser-, y el legado que dejaremos cuando debamos partir físicamente. Es decir, aquello que nos trascenderá.

Por eso la misión personal puede ser entendida en este contexto, como aquellos dones y habilidades que nos fueron conferidos al momento de nacer en este tiempo, para ejercitarlos y ponerlos en movimiento. En un sentido superador y más elevado, vienen a darnos un sentido a la existencia, que, por lo general, está ligado con el dar y servir a otros, para cosechar lo que nos queda de experiencia y "re-capitalizarnos" como en un generador de energía que no tiene fin.

Como en muchas empresas y organizaciones hay vistosas frases de "Misión y Visión" como si fuesen una brújula que marca su horizonte, los seres humanos también tenemos nuestra propia construcción de este destino personal, que vamos haciendo día a día. Aunque no lo tengamos presente ni consciente, el propósito de vida se manifiesta en formas sutiles desde las capas más profundas del Ser, hasta adquirir, en muchos casos, dimensiones extraordinarias que atraviesan generaciones y producen grandes impactos. Y eso sólo lo generó muchas veces, este legado puesto en acción por una sola persona. Te invito a observarte en estos cuatro aspectos:

Sentido: cuando estamos conectados con la esencia, lo más profundo y sagrado dentro nuestro, la vida parece tener un propósito que, aunque no necesariamente se manifieste en los resultados exactos que deseamos obtener, nos van llevando, como en un viaje un tanto errático, hacia lo que está destinado a nosotros. Por eso los pequeños momentos como el nacimiento de un hijo; la concepción de una guagua muy deseada y esperada; una oportunidad profesional significativa; un cambio rotundo en nuestras creencias y paradigmas; un click de conocimiento y despertar dentro nuestro, son formas en que se hace tangible este principio de sentido.

Hacer lo que nos gusta: que no es lo mismo que hacer lo que mejor nos sale, aunque pueden ir de la mano. Frecuentemente en coaching encuentro casos de personas que anhelan un cambio profundo y superador. Sin embargo, paralizados por el miedo y la incertidumbre, eligen quedarse aferrados a lo conocido –y hasta cómodo, la famosa zona de confort- y seguir así hasta agotarse. Poner en acción los dones que nos fueron entregados es parte esencial de la misión, porque es dinámica, activa, aventurera y entretenida. Un amigo ***workaholic*** (moderna significancia de 'adicto al trabajo') me decía que su trabajo actual es muy desafiante, que presenta muchas dificultades… pero que es tremendamente entretenido, y que allí encuentra la satisfacción a extensas jornadas y recarga así su energía. Es asi que te invito a hacer lo que te gusta, desde el nivel y lugar donde estés hoy mismo. Siempre puedes introducir pequeños toques personales, ajustes microscópicos, para transformar cada situación en otra, más alineada con el sentido de tu vida. La sorpresa se manifestará muy pronto, porque es altamente probable que vivencies cosas que nunca antes, y que las cosas más disfuncionales de las tareas se vayan acomodando a favor. Es un paso a paso, progresivo y sin pausa. La clave es persistir y completar; y una vez cerrado cada 'círculo de progreso', una vez más: persistir y completar.

Sincronicidad: ¿has observado que por momentos la vida entra a jugar todas sus piezas y se acomoda casi mágicamente? Esto sucede en los momentos donde estamos alineados y sintonizados con el todo, que es ni más ni menos que una mirada más abarcativa de quienes somos, qué queremos, dónde estamos y dónde queremos llegar. A la inversa de lo que sucede en ocasiones cuando todo se desmorona en segundos, esos instantes que solemos identificar como de felicidad y plenitud, también nos abren la oportunidad de entenderlos como un signo certero de nuestra misión de vida. La sugerencia es que puedas entrenarte en fluir, vivir más tiempo en el exacto presente, y sin tantas proyecciones hacia el pasado o futuro, "...Porque este momento de vida es un regalo; y por eso se llama presente", dice un conocido texto motivacional.

Impulso: Tal vez hayas percibido que las personas con su misión de vida clara y con propósito, sienten un cosquilleo interior permanente, que los mueve hacia nuevas experiencias. Así, la mayoría de las veces sin proponérselo, encararan cada día agradeciendo por todo lo que está dispuesto para vivir, y lo capitalizan como experiencias de valor. Buscan trascender las etiquetas de negativo o positivo de cada situación, y las dejan de lado, para identificarlas sólo como vivencias en esta escuela. No son amigos de los chismes y saben filtrar bastante bien lo que no es conveniente para el bien mayor. El fin último del impulso es transformar todo en una experiencia inagotable de vivencias que se convierten en una enorme caja de herramientas que te prepara mejor para cualquier momento: los buenos, las tempestades, los amores, los desamores, los cambios; y siempre con una buena dosis de autoconfianza en acción. Por eso quizás percibas en estos seres humanos –tan extraordinarios como tú- mucha claridad al expresarse, entusiasmo al participar, vitalidad en la mirada y las acciones que emprenden, y visiones por lo general que salen bastante de lo común.

Llegar a descubrir tu Misión y propósito y vivirlo, depende exclusivamente de ti. No ha nacido nadie que pueda arrebatártelo por difíciles que se presenten las circunstancias; por eso hay miles de personas que convierten los problemas en grandes obras de arte: sus propias vidas… y si tan sólo un ser humano lo hizo, nosotros también podemos.

Al mismo tiempo, reflexionar sobre nuestro propósito de vida y vivirlo con gratitud también nos lleva a tener que preguntarnos ¿Mi vida marcha tal cual anhelo o sueño?

5 SEÑALES DE QUE FRACASAS EN TU VIDA

Es posible que estés creando inconscientemente patrones de fracaso, que es justamente eso lo que producen en la vida diaria.

Estos patrones se crean en forma muy sutil, y, para encauzarlos y corregirlos, necesitas trabajar muy fuerte contigo, en tu interior. Paso a paso, observarás cómo se van encaminando las experiencias para disminuir tu cuota de fracaso y aumentar las probabilidades de éxito.

El fracaso, en sí mismo, no tiene nada de malo, más allá del momento difícil que hace atravesar. Desde la perspectiva positiva es un excelente maestro para corregir los errores que cometes, capitalizar la experiencia y diseñar tu estrategia de manera más efectiva.

Cada uno genera lo que autocree: éxito o fracaso

Estas autocreaciones nacen casi sin darte cuenta, con visiones obtusas de la vida y, sobre todo, acerca de ti mismo. Cuando dudas de tu potencial, ya estás retrocediendo. Por eso el esfuerzo que implica reponerse de un fracaso es muy grande; tan o más que el camino que te llevó al éxito.

La mayoría de las personas se rinde, se dan por vencidas. Piensan que una vida más satisfactoria no es para ellas.

Esto ocurre porque tienen muy metido el patrón de fracaso, que ejecutan diariamente todo el día en forma automática. Por más que de la boca para afuera digan otra cosa, las obras se ven en los resultados: no en lo que dices.

En lo que piensas es en lo que te conviertes

5 señales de que quizás estás fracasando

Si tienes al menos uno de estos comportamientos, puedes tomar conciencia de que la vida no marcha en un sentido positivo.

Estas cinco señales son una pauta concreta de que posiblemente estás fracasando en tu vida. Cada una incluye tres sugerencias para que puedas plantearte un cambio positivo.

1. Esperar los viernes y odiar los lunes

El comportamiento interno típico y más recurrente en personas fracasadas. No sólo limita su semana auto creando pensamientos negativos, queja y aburrimiento, sino que el hecho de no tener un sentido ni propósito en lo que haces resta muchos puntos a tu felicidad. ¿Te has dado cuenta que las personas que tienen éxito viven tan a gusto que no distinguen en qué día u hora están? Por eso es frecuente que reciben más de lo que pensaban. Entonces, sin excederte y cuidando tu salud, puedes tomar lo mejor de ellos. El resto, por lo general, los observa con envidia. **Recursos:** 1. Evalúa qué puedes hacer para que cada día, incluyendo los lunes, sean más beneficiosos para ti. 2. Crea rituales de apoyo, como escuchar música energizante y mantener conversaciones positivas e instructivas. 3. Determina desde hoy cancelar este pensamiento negativo: cada vez que estés ansioso esperando los viernes, o veas esos memes en las redes sociales con "¡Por fin es viernes!", bórralos, e, internamente, cancela esa emoción que sientes. Cuando se te aparece el pensamiento negativo acerca de los lunes, expresa para tus adentros, "Cancelo ese pensamiento. El lunes es un nuevo día lleno de grandes oportunidades." No me creas. Pruébalo todos los días, durante al menos 21 días seguidos, y anota los resultados.

2. Vivir pendiente de los demás

Desde niños te han educado para complacer a otros. Incluso a pocas semanas de haber nacido, cuando querías un juguete o algo especial, sabías todos los trucos emocionales. El mecanismo es el siguiente: te enseñaron a hacer algo (que no necesariamente querías) + Todos los seres humanos hacen todo (sí, todo, incluso las cosas más aberrantes) para obtener algún beneficio + Entonces, tú lo adquiriste y lo haces en automático para obtener lo que quieres (aún hoy). Esto te lleva a estar pendiente de los demás, y a querer seguir conquistándolos (como cuando eras bebé), cueste lo que cueste. Hay hilos invisibles que fuiste creando, buscando aprobación a tus actos y monerías. Igual que hoy. Y hoy, es una telaraña que no te permite ser libre.

Recursos: 1. Reconoce cuántas ataduras tienes al estar pendiente de los demás. Esos hilos hoy son cadenas. 2. Descubre de qué forma te beneficiaría ir cortando esos lazos, paso a paso. Experimenta la libertad que vas conquistando. 3. Lleva un registro escrito de pequeños pasos que vas dando: la mente es frágil y tiende a olvidar lo bueno; más bien, agiganta lo malo.

3. Envidiar a los exitosos

Las personas fracasadas sienten una profunda envidia por aquellas que van conquistando sus objetivos, que crecen, son creativas e innovadoras, y superan enormes desafíos. Como el fracasado por lo general se queda quieto y no le gusta esforzarse, hace de su envidia su arma letal. Se pasa horas criticando a todos los que hacen y tienen logros; incluso sin conocerlos, es el opinólogo ideal en las redes sociales. Su mundo "es así": y no vaya a ser cosa que venga alguien a querer demostrarme lo contrario. Es tan obtuso en su mirada, que observa su fracaso echando la culpa a los demás (la familia, pareja, el gobierno, el país, el jefe…). Siempre quiere tener más, pero no hace nada por obtenerlo. El fracasado es cómodo; justamente lo contrario a las personas exitosas: tener éxito es muy incómodo por distintos motivos, más allá de la fachada que ve el fracasado.
Recursos: 1. En vez de criticar, hazte amigo de personas exitosas. El simple contacto con otro esquema de pensamiento y razonamiento empezará a despertar otros intereses positivos. 2. Destaca y reconoce el éxito ajeno: si lo envidias, eso se vuelve un búmeran hacia ti; y sólo conseguirás más fracaso. 3. Empieza a tener éxito en algo. ¿Te gusta cocinar? Prepara viandas y obséquialas a tu abuelita; haz algo grandioso con eso. Quizás de a poco consigas clientes que te paguen, y transformes eso en un emporio basado en tu habilidad y don. Así se empieza: para

tener un supermercado, la mayoría tuvo primero un pequeño almacén de barrio. Sólo así podrás empezar a reconocer ese sentimiento maravilloso llamado éxito. Es, justo, lo contrario a lo que ya saboreas todos los días: el fracaso.

4. Sentirte menos que otros.
Si ya tienes más de 14 años, sabes que no puedes echarle la culpa a tu papá o a tu mamá, o al país, o al gobierno, por cómo está tu vida. ¿Por qué señalo 14 años de edad? Precisamente porque actualmente, desde los 8 aproximadamente, los niños-adolescentes ya quieren su independencia, salir, y asumir una vida casi propia de jóvenes-adultos. Entonces, eso implica que te hagas cargo. Eres el artífice de todo lo que te sucede. Te guste o no, los pensamientos crean tu realidad. Si te sientes menos que los demás, es posible que todo te parezca inalcanzable y que la vida no tiene sentido. Vivir con una estima personal baja y no creer en tu propio potencial, es otra de las características de los fracasados.
Recursos: 1. Busca ayuda profesional para salir del pantano de baja autoestima en el que puedes estar. Hay miles de cursos gratis en Internet y en cada pueblo o ciudad. Lee libros inspiradores. Mira sólo películas que te estimulen y edifiquen. No veas tanta televisión ni estés mucho tiempo en el computador: haz cosas edificantes que te saquen del pozo. 2. Conversa con al menos 13 personas exitosas y seguras de sí mismas, sin que este rasgo de personalidad te lleve a ser soberbio o presumido. Observa qué diferencia hay entre tu vida y la de ellos, y, sobre

todo, cómo y para qué lo hacen. 3. Elige un área de tu vida en la que quieras empezar a ser exitoso. Por ejemplo, algo que no tiene costo: si tienes unos kilos demás, proponte caminar al menos 45 minutos diarios 6 días a la semana. Haz tu rutina con disciplina: justo eso es lo que te falta, porque, de lo contrario, no serías un fracasado. Evalúa los resultados luego de haber hecho este ejercicio durante 90 días corridos (sin saltearte ninguno de los 6 días de la semana).

5. Olvidarte de quién eres

Por si no lo sabes, lo que tú haces es uno de los roles que ejerces en el mundo. Aunque eso no es lo que tú eres. Eres un ser humano; no un "hacer humano". En un sentido mayor, eres un ser humano que tiene dones y habilidades increíbles. Si no te animas a explorarlas, ya sabes que vivirás de fracaso en fracaso. No importa lo que te apasiona y te motiva: simplemente, hazlo. Si tienes miedo, hazlo con miedo. La clave es hacerlo. Puedes ser la mejor mamá, el super papá o lo que elijas: la clave es que lo hagas. Tú eres el capitán de tu propio barco: nadie más. Recuérdate tu valor, tu coraje. Ten presente momentos difíciles para darte ánimo cuando decaigas: es normal como seres humanos. **Recursos:** 1. Regresa a tu centro, a tu esencia. Busca alguna actividad placentera que te conecte con tus virtudes, y que te aleje de la mirada puesta en los demás. Hay muchísimas opciones en el mundo. 2. Escribe una lista de un mínimo de 100 cualidades positivas que tienes. Mientras lo haces, respóndete con honestidad: ¿te cuesta escribirlas? ¿no encuentras tantas cualidades tuyas? Ahí tienes un primer comienzo para trabajar. 3. Determina una frase corta y positiva, que será tu lema de ahora en más. Repítela todos los días, tantas veces como puedas. Escríbela en un papel y pégala en el espejo de tu cuarto. Hazla tuya, siéntela y vívela. Practícala al menos 33 dias seguidos. Prueba cómo te va. Registra cualquier cambio que observes, y toma consciencia de cómo te estás moviendo hacia algo nuevo.

¿Quieres seguir así o deseas más éxito para tu vida? Eso depende exclusivamente de ti. Es tu elección. De nadie más.

Por último, hay personas que tienen, sin que lo sepan, un meta-programa de fracaso interno. Viven por fuera como si fuesen exitosos, aunque nunca llegan a alcanzar totalmente el resultado.

Por lo general son los que traducen lo que les pasa en frases como *"Tengo mala suerte"*, *"¡Quién iba a decir que me iba a ir mal, si puse todo!"*, *"Seguro que los demás están acomodados"*, *"Fraude electoral, no puede ser que haya perdido"*, y tantas otras que caracterizan a los que están siempre a punto de lograrlo, y, sin embargo, fracasan.

8 RASGOS EN COMÚN DE QUIENES "CASI" LOGRAN LAS COSAS... PERO NO LO HACEN

Por mi labor en el mundo, desde hace más de 25 años trabajo como coach de altos ejecutivos, presidentes de países, grandes corporaciones y profesionales de prácticamente todos los ámbitos, y he encontrado un patrón en común que se repite en aquellos que, indefectiblemente, "casi" logran sus anhelos más profundos. Son los que, en lenguaje cotidiano, "les falta 5 para el peso"; se esfuerzan, incluso se sacrifican demasiado, y, por algún motivo, no lo logran.

¿Conoces personas así? ¿Eres una de ellas? Aquí describo los 8 rasgos en común que tienen, sin importar su nivel de instrucción, finanzas, jerarquía o posiciones de poder. También comparto los aspectos profundos que es necesario trabajar intensamente para superar ese aspecto de limitación. Quienes los reconocen y se esfuerzan, lo logran.

Se creen más que los demás. Detrás de una máscara construida por los años, han desarrollado cierto magnetismo que la gente confunde con carisma. El magnetismo atrae, el carisma, enamora. Suelen mostrarse fuertes, decididos, claros y temperamentales. Hay una gran diferencia. Internamente se creen superiores o predestinados al éxito -aunque nunca lo alcanzan del todo-. Pueden tener notoriedad, fama y dinero; lo que no logran construir es prestigio y éxito. Necesitan trabajar: la humildad.

Son impuntuales y desorganizados. La indisciplina es una constante. La inmensa mayoría tienen muy poco rigor profesional a la hora de ejercer sus actividades, y uno de los puntos flacos es el de la desorganización en todos los aspectos, desde lo personal hasta la impuntualidad crónica. Para ellos, por ejemplo, "está bien hacerse esperar", como si eso les diese mayor credibilidad.

Como se sienten superiores, hacen que los demás los padezcan hasta límites humillantes. Necesitan trabajar: disciplina en todos los ámbitos.

Desprecian al que los llama a consciencia. Si bien escuchan los consejos de algún buen amigo, generalmente de la época en que eran jóvenes y aún lograron conservarlo, se rodean de "los amigos del campeón", esos que aparecen y desaparecen con la notoriedad. Se rodean de obsecuentes. Tienen una gran imposibilidad de mirarse hacia dentro, profundizar en su ser, conectarse y transformarse de raíz. Necesitan trabajar: su autoconocimiento.

Se maltratan. Así como son dañinos en los vínculos con muchas personas, por su egos, narcisismo y soberbia, se descuidan por dentro. Es frecuente que no sigan las indicaciones de un médico o terapeuta, se alimenten mal, tengan algunos vicios y mantengan una relación negativa con sus pensamientos, que no les permite proyectarse en positivo hacia los logros por los que se esfuerzan. Necesitan trabajar: su cuidado personal de todo tipo.

Creen que alcanza con su don especial. Tienen una autoimagen distorsionada, porque piensan que lo que proyectan hábilmente a los demás, éstos lo reciben tal cual. El problema es que siempre hay una gran distorsión. Necesitan trabajar: la autoconfianza y su conexión interna esencial.

No cumplen sus promesas. Tienen poca palabra para hacerse cargo de lo que dicen, si bien son seductores y convincentes. Necesitan trabajar: la actitud de servicio y cooperación con sí mismos y con los demás.

Son inconstantes. Les falta perseverancia. Si bien son arrolladores en su capacidad de trabajo, llegado un punto en que las cosas no salen como esperaban, se abandonan sin más, dejando a todo el mundo descolocados. Como padecen del síndrome de la aprobación de los demás, viven pendientes de si les levantan o bajan el pulgar. Se preocupan en exceso por la mirada externa, y cuando ésta no coincide con su expectativa, caen en bajones anímicos pronunciados y problemas de salud diversa, por lo general, psicosomáticos. Necesitan trabajar: la constancia y la terapéutica apropiada a cada situación.

Buscan el resultado rápido. En cada actividad que encaran quieren ganar cueste lo que cueste. En el mundo real esto no siempre es posible, porque se cruzan muchas variables. La búsqueda de la velocidad en el resultado los sume en un vértigo que su mente y su cuerpo quizás no esté dispuesto a tolerar; más aún con el andamiaje de mentira interna que también los caracteriza: van tapando una mentira con otra. Es un enorme esfuerzo psíquico para mantenerse en acción. Necesitan trabajar: la paciencia y la aceptación.

Como se observa, el proceso para constituirse en alguien que acepte al éxito necesitará corregir estos desvíos. Con constancia, disciplina, perseverancia y una profunda mirada interna, es posible lograrlo en el tiempo, si verdaderamente se anhela una transformación profunda. Si no, es más maquillaje.

Por esto, hallar el propósito de vida es alcanzar una brújula certera; aquella que siempre marcará el rumbo preciso sin importar las circunstancias externas.

LAS 5 VENTAJAS DE TENER EN CLARO TU PROPÓSITO DE VIDA

El propósito es aquello en lo que verdaderamente eres excelente en el Ser combinado con el Hacer en el mundo; combinado con eso que te produce una intensa pasión; con aquello que produce una indescriptible satisfacción interna, y además, te produce ganancias: puedes generar tu sustento a partir de ejercerlo.

En esta cuadratura se encuentra el espacio de tu propósito de vida.

Cuando vives en concordancia con él, obtienes de inmediato 5 ventajas que te permitirán desplegar más rápidamente tus dones y habilidades:

1. Vivirás tu vida teniendo el control para conducirla efectivamente

Tener en claro el propósito de tu vida no te limitará sólo a eso, sino que expandirá tus posibilidades, y te dará un mejor control sobre cada momento. ¿Por qué? Porque te enfoca y te ayuda a elegir el camino que debes tomar. Con esto, tendrás una imagen más clara de tu destino en la vida, y conquistarás más tiempo para la planificación y preparación para lo que necesitaras en el futuro.

2. Podrás priorizar con mayor facilidad

Tus metas te ayudan a enfocarte en las cosas más importantes. El propósito de vida contribuye a administrar tu tiempo y energía. Con metas claras en tu mente, sabrás que cosas merecen tu atención y tu tiempo, evitando dispersiones.

3. Tendrás más probabilidades de tomar mejores decisiones

Al establecer tus metas, el propósito ayuda a que puedas identificar las opciones correctas, observando una visión de largo plazo. Esto es sumamente útil a la hora de tener que tomar decisiones, ya que si lo haces desde esta perspectiva, en mayor o menor tiempo estarás en el sendero apropiado, y alineado con tu propósito de vida.

4. Dejarás de postergar las cosas

Ya sabes en qué cosas necesitas enfocarte, y cuáles son las prioridades. Entonces, tu inteligencia mental y emocional no se distraerá demasiado en tomar atajos. Irás más directo por aquello que quieres lograr.

5. Se simplifican los caminos

Vivir sin propósito es como estar en un complejo laberinto, en el que hemos entrado, pero no conocemos la salida. Cuando estás en propósito, son los propios objetivos los que se van abriendo camino para ayudarte a lograr lo que esté alineado con él.

La invitación es a que trabajes a consciencia con tu propósito de vida como guía, le da sentido al día a día, incluso a los hechos desafiantes. Les da significado, los enriquece, y produce aprendizajes más profundos y duraderos.

CÓMO REPONERSE DE UN GRAN FRACASO

Vivimos en una época donde el exitismo ha dado lugar a cierta pérdida de sentido. Parece que es preferible lograrlo a toda costa, pese a quien le pese, incluso dejando el propio pellejo, que arriesgarse a que las cosas puedan salir mal. Más allá de que a cualquiera le gustaría tener éxito en todo lo que emprenda, esto no existe. Cualquier cosa que emprendas, como una nueva relación amorosa, un negocio, empresa, carrera profesional o desafío, puede fracasar.

¿Qué hacer cuando se fracasa irremediablemente?

Aquí tienes claves para reponerte de un gran fracaso, que llevarán incluso a encontrarle sentido para proyectar lo nuevo más grande, mejor y con mayor solidez:

Expectativas realistas. Si lo opuesto al éxito es el fracaso, las expectativas desmedidas constituyen uno de los caminos más directos hacia el resultado indeseado en cualquier aspecto en el que se emprenda. Diseña y gestiona tu expectativa y la de tu entorno de forma tal de focalizarse en la realidad.

Planificación y seguimiento. Medita seriamente si has sabido planificar siendo implacable y abarcando todos los costados del proyecto, y si has dado el seguimiento apropiado. La gran mayoría de los desvíos que conducen al fracaso se basan en la improvisación.

Date tiempo. La persona que fracasa entra en una etapa de duelo; y como duele quiere sacárselo de encima pronto. No es posible atravesarlo de esta forma. Apóyate en personas que te quieren bien y no te juzgarán, sino que te apoyarán a rehabilitarte para estar nuevamente fuerte por dentro.

No medir sólo el fracaso económico. La inmensa mayoría de las personas asocian la palabra fracaso con el tema del dinero. Si bien esto es trascendente, no es lo único. He atendido casos en mis consultas como master coach de personas devastadas emocionalmente, traicionadas por el entorno, y otros donde han dejado su salud en el camino. Quiere decir que la variable económica al fracasar es una de las varas con las que se mide, pero no la única.

No creerse del todo el éxito que se obtenga. Otro problema frecuente es no pensar que se puede fracasar por tener éxito en este u otro campo. Quedarse anclado en cualquiera de los dos polos es una visión errónea, ya que ninguna de estas cosas será permanente.

Asume la parte que te toca. Quizás sea esta la más dolorosa, por cuanto entraña algo muy profundo de auto crítica. Conviértela en aprendizaje, no en auto flagelación: llegado al punto del fracaso irremediable, no hay nada que puedas hacer para revertirlo, se consciente de qué cosas no tuviste en cuenta, qué señales no viste -generalmente hay muchas- y qué dejaste de percibir por algún motivo, que desencadenó ese resultado.

No repartas culpas. Aunque una parte tuya tenga rabia y lo niegue, posiblemente tuviste mucho que ver en ese fracaso. Es normal que te resulte difícil de aceptar. Es necesario que hagas tu análisis y permitas que el tiempo y tu sapiencia interior ponga las cosas en perspectiva.

Reenfoca tu energía negativa. Luego de un breve tiempo empieza a dedicar tu foco a otra cosa más elevadora. Hacer salidas saludables, conectar con algo que te produce un profundo placer, escribir tus memorias, buscar una organización no gubernamental que necesite un Mentor para emprendedores, ordenar tu biblioteca y regalar cosas que ya no usas. Todo vale para que hagas el switch interno que se requiere para salir de a poco de la sensación de fracaso.

Todos los seres humanos poseemos el espíritu de superación ante la adversidad, aunque en los momentos difíciles no aparezca siempre como primera opción. La confianza, el valor, la resiliencia, la templanza y la persistencia son recursos que están disponibles, si sabemos activarlos.

3 CONSEJOS PARA RECORDAR ANTES DE RENDIRTE CUANDO FRACASAS

En distintos momentos de la vida, la evidencia o fantasía de un fracaso hace que nos desmoralicemos, y que la voluntad se vea quebrantada hasta el punto de querer rendirnos. Entonces, la conocida frase "rendirse no es una opción" es difícil de llevar a cabo si no se confía plenamente en uno mismo.

En esencia, el rendirse significa abandonar eso por lo que has venido trabajando tanto. Has dejado horas y hasta años de esfuerzo sostenido, sueños, metas y energía, y estás a punto de dejarte caer porque las cosas no se dan como pensabas.

Por qué se rinden las personas

Entre las personas que más fácilmente se rinden, por lo general aparece un patrón de respuesta inconsciente, que repiten una y otra vez.

Incluso en pequeñas instancias de fracasos (mini-fracasos, para explicarlo mejor) durante el proceso hacia la meta, actúan así:

Duda: sobre todo, de su propia capacidad para seguir adelante.

Temor al fracaso: en general, es un miedo de leve a paralizante.

Culpa: por haber puesto en marcha su sueño, y sentir que no se es capaz de sostenerlo.

Imaginarse lo que va a pasar: aquí, se fantasea en negativo cuando se está en la etapa de lo que podría devenir en un fracaso.

Sentirse abrumado: la emoción negativa que resta energía vital para seguir adelante.
Fantasía de alivio: es en lo que más piensa una persona, ya que imagina que se librará "de todos los males" que la acechan si se rinde.

Es interesante analizar este patrón, que es un modus operandi que, inevitablemente, conducirá a fracasar. Como los pensamientos crean estados de consciencia, y éstos, determinan las acciones y el resultado que obtendremos, si generas esa secuencia de emociones negativas encadenadas, cumplirás tu profecía.

3 cosas para recordar antes de rendirte

El fracaso encierra una gran oportunidad de aprendizaje, si sabes verla y capitalizarla a tu favor. Más allá de la frustración, decepción y desazón anímica por no haberlo alcanzado esta vez, es importante enfocarse en el proceso, y no sólo medir todo en relación con el resultado final. Al hacerlo, te permitirá entender, conocerte mejor, bucear en tu universo emocional y mejorar para la próxima vez que encares cualquier tipo de proyecto.

Cuando estés a punto de rendirte, aquí tienes 3 consejos que pueden ayudarte a recobrar tu entusiasmo, el ingrediente principal para seguir adelante:

Recuerda por qué empezaste. En aquel momento tu visión de éxito, el diseño de tu meta y el impulso te animaba a ir por más y seguir adelante. *Herramientas:* Rescata esas emociones iniciales, y reconstrúyela internamente en forma vívida. Ponlas nuevamente en acción. Revisa tus notas y bosquejos del proyecto, y visualiza con tu mente creativa esa etapa fundacional, para reconectarla internamente.

Reconoce de qué forma eso se conecta con tu propósito. Al encarar una meta lo haces en dos niveles: uno consciente (lo que haces en concreto), y otro inconsciente (que es el motor de energía interior, tu espíritu). Los proyectos que más duelen perderse son los que te representan como ser humano, y en los que sientes que quedarán muchas partes de ti en el camino. *Herramientas:* En las instancias en que piensas en rendirte, revisa tu propósito; eso que te guía y que es el rumbo de tu vida. Verifica de qué forma este proyecto que vas a abandonar es algo valioso para tu misión y legado en tu paso por el mundo. Si encuentras este sentido trascendente, recibirás una bocanada de aire fresco, ideas y energía extra para seguir un paso más.

Cómo estaba tu entusiasmo en el punto de partida. La motivación es esencial para conseguir lo que quieres. La mayoría de las personas no lo logran, porque desisten tan sólo luego de un intento fallido: así sucede en más del 95% de los casos. Por eso hay tantas personas que se dicen fracasadas, estancadas, postergadas y quejosas. Simplemente porque han desistido de sus sueños. *Herramientas:* En los momentos previos a rendirte, tu falta de motivación puede ser muy alta. Busca en tu interior recordar los instantes iniciales de este camino: cómo estabas, qué sentías, cuáles eran tus pensamientos, con qué palabras hablabas -a ti y a los demás- sobre lo que hoy te angustia. Integra esas emociones dentro tuyo, y proyéctalas en otros ámbitos -como una conversación con tus amigos, pareja, familia, compañeros-, para revivir aquel estado emocional. Te ayudará a conectar en parte con ese espíritu pionero que fue un gran motor.

Recuerda que ***rendirse*** tiene dos acepciones: la de abandonarlo todo, y la de entregarte al proceso natural de las cosas, sin forzarlas; con paciencia, aceptación y flexibilidad. Son dos puntos de vista de una misma palabra, que producirá resultados totalmente opuestos. La elección es tuya.

La resiliencia es el potencial que tenemos los seres humanos de sobreponernos efectivamente a los grandes desafíos de la vida. Quienes hemos convivido y atravesado enormes dificultades en diferentes aspectos, sabemos por experiencia propia que salimos fortalecidos de las experiencias duras. Ya no somos los mismos. No miramos las cosas desde la misma perspectiva. Puede decirse, sin temor a dudas, que hemos madurado y evolucionado.

6 CARACTERÍSTICAS DE LAS PERSONAS RESILIENTES

Estas seis características son comunes a todos los que somos resilientes, que es la capacidad para, más allá de lo imposibles que parezcan las cosas, lo desahuciados que estemos, lo "terminal" que nos declare la ciencia médica, lo tremendamente doloroso de los hechos de la vida que irrumpen sin pedir permiso, nos levantamos, atravesamos paso a paso -a la velocidad de hormigas laboriosas- y seguimos adelante.

El lenguaje con el que nos comunicamos y expresamos, crea realidades. Primero fue un pensamiento, luego un estado de consciencia y de allí surge la manifestación física de las cosas. Por eso las palabras tienen mucho poder.

Frases que escuchamos cotidianamente, como "me quiero morir", "si me pasa algo así prefiero no seguir en este mundo", "no podría soportarlo", "es más de lo que estoy dispuesto a sufrir", "de esta situación no salgo", reflejan el limitado nivel de entendimiento de la compleja -y maravillosa- naturaleza humana.

Porque, puestos en esa situación límite, si así lo elegimos, haremos todo lo que esté a nuestro alcance para sobreponernos y salir adelante. Es así.

Claro que nada garantiza un resultado positivo más allá del esfuerzo personal. Aunque la resiliencia se basa en la idea de la enorme cantidad de recursos internos que tengo como ser humano para utilizarlos cuando se presenta el momento apropiado. Puedo discernir, elegir, escoger, seleccionar, dimensionar, poner en perspectiva, mirarme de múltiples maneras, asimilar, procesar, y recién allí, plantearme la posibilidad de superar este gran desafío que pone la vida.

Las personas resilientes no se rinden. Un tremendo accidente, un diagnóstico con muy mal pronóstico para la ciencia, la pérdida de un ser querido o varios, la pérdida de salud, quedar desempleados de un momento para otro, una estafa, un fracaso que nos deja literalmente desnudos y sin nada, son sólo algunos ejemplos.

Sin embargo, basándonos en el poder de nuestra asertividad y fortaleza, podemos descubrir algo que va más allá de la simple comprensión humana. Se podría afirmar que la fuerza "viene de otro plano" del Ser. Y solemos decirnos "no sé cómo lo hice, pero aquí estoy: de pie nuevamente".

El ser resiliente agota las instancias, y se apoya en su propia fortaleza, por pequeña que sea o devastada que esté en ese momento. Busca alternativas; explora; se mira como si fuese un científico en plena tarea de dar con la nueva fórmula que traiga un beneficio para él y para otros.

También se silencia: es una característica común el meterse para adentro. Es tiempo de pocas palabras, mucha acción íntima y desde allí, crear interiormente ese enorme potencial reparador que es el que sostiene el hasta entonces endeble andamiaje emocional, físico y espiritual.

La esperanza y la fe adquieren dimensiones distintas. Si bien suele abrirse al apoyo de un puñado de personas que hablan en términos de fe, entendida como que hay algo o alguien superior que puede ayudarnos, sienta pilares muy sólidos de esperanza. No se trata sólo de ver el vaso medio lleno, sino, sobre todo, ver la parte vacía, lo que ya no está. Asumirlo tal cual es, sin eufemismos, y desde allí, comenzar a llenarlo gota a gota.

Los humanos resilientes tienen una extraordinaria capacidad de regeneración en múltiples niveles al mismo tiempo. Una persona declarada terminal por un médico sabelotodo, puede ir explorando minuciosamente su cuerpo, y ayudando a "repararlo" con la paciencia de un escultor preparando su nueva obra maestra.

Por último, sabe que nada será como antes, principalmente porque el cambio ha sido tan rotundo y profundo que no hay ninguna otra cosa más importante que superar este momento. El superar no significa para el resiliente hacerlo rápido "y ya". Sabe que es una construcción que llevará muchísimo tiempo, esfuerzo y vigilancia eterna interna para no desviarse del objetivo. Se cae y se vuelve a levantar tantas veces como sea necesario.

Y un día se produce un click. Es íntimo, profundo, conmovedor y profundamente asertivo. Permite trasmutar la duda, el pesimismo, el dolor, la enfermedad, los padecimientos, el sufrimiento, el silencio, la desesperanza, en algo más potente que es más sencillo de definir: estoy vivo.

¿Todos somos resilientes? En esencia, sí. Aunque requiere de una gran dosis de autodeterminación para encarar el proceso y persistir "aunque duela". Es necesario para reconstruirnos de las cenizas.

Los que hemos pasado por situaciones así lo sabemos muy bien.

Luego viene una gran recompensa: la posibilidad de vivir desde otra perspectiva, más acorde con este nuevo ser que acaba de parirse. Esto en muchos casos viene acompañado por un potente sentido de resignificación de la vida y de dedicarse a algo trascendente. Y ahí comienza, nuevamente, la aventura de la misión de vida manifestada durante el tiempo que estemos en este plano físico.

Es frecuente que muchas personas sientan miedo ante el momento de tener que realizar algún cambio en cualquier aspecto de la vida, o tomar decisiones, sin distinguir si es brusco o escalonado. Lo cierto es que resulta habitual que el miedo que se tiene es desproporcionadamente mayor a la verdadera dificultad que reside en aquel cambio, situación, hábito o comportamiento.

11 CLAVES PARA VENCER EL MIEDO

La emoción del miedo es muy frecuente en los seres humanos. En algún momento, todos los padecimos en niveles aceptables. Aquellos que logran dominarlo, aceptarlo, atravesarlo y conducirlo apropiadamente, son los que alcanzarán a concretar sus metas y objetivos, superar los obstáculos y encarar lo nuevo con renovado espíritu.

Hace tiempo encontré una tabla muy interesante, con claves para vencer el miedo. Si bien desconozco su autor, aquí comparto estos y otros tips con una breve explicación de cada uno para ayudarte a salir adelante.

1. Haz algo, cualquier cosa. Puesto que el miedo se alimenta de la inacción, la forma más efectiva es que hagas lo primero que se te venga a la cabeza, por pequeño o disparatado que sea. Necesitas moverte continuamente y practicar desde cosas insignificantes hasta las más grandes. Paso a paso observarás cómo ganarás en autoconfianza y asumirás desafíos mayores.

2. Toma una decisión, cualquier cosa sirve. Necesitas abandonar la creencia de que no puedes decidir hasta que estés seguro del resultado. La educación que has recibido y esa sensación de "ser miedoso" que te invade han hecho un gran esfuerzo para condicionarte a que debas estar seguro de cómo serán las cosas al final. Esto no existe: no lo sabrás hasta que no lo intentas. Si bien, conscientemente, tal vez aceptes que es así, lo necesitas poner en práctica. Decidir sobre todo, incluso por pequeñeces, te entrena en este hábito muy útil para desenvolverte en la vida. Prueba, intenta, da lugar al error y a que puedas corregirte: sólo así aprendes en este plano físico en el mundo.

3. Imagina lo peor que te podría suceder y decide qué harías si efectivamente sucediera. Ya que fantaseas en negativo -y el miedo que sientes es exactamente esto- haz tu gran puesta en escena con todo aquello que fracasaría y que te haría sentir de lo peor. ¿Cómo te sentirías? ¿Qué emociones tendrías? Ahora, en serio: ¿es tan grave como fantaseas? Date cuenta de que poner en perspectiva las alternativas te ayuda a tener altitud, para elegir la actitud apropiada para escoger cualquier acción. Es preferible hacer algo, que no hacerlo.

4. El miedo se alimenta de lo desconocido. Entonces, hay que contra ponerle certeza, información, investigación, datos, chequeo de tu plan; todo aquello que te permita juntar fuerzas para afrontarlo con mayores herramientas. La mejor de todas es la acción; porque leer e informarte es relativamente sencillo. Lo que necesitas lograr es hacerlo de verdad, paso a paso, empezando por lo más pequeño. El primer paso ya es tu cincuenta por ciento de avance frente a la parálisis en la que estabas.

5. Imagina lo mejor que podría suceder, y cómo te sentirías si efectivamente sucediera. Como eres un experto en fantasear en negativo, también puedes hacer lo mismo al revés, en positivo. ¿Cómo te sentirías emocionalmente consiguiendo eso que anhelas? ¿Qué experiencia nueva traería a tu vida? ¿En qué cambiaría tu situación actual? ¿Cómo utilizarías lo nuevo para seguir creciendo y dejando tu huella en el mundo? Estas preguntas poderosas te ayudarán a reforzar tu espíritu de éxito, imaginando lo mejor que podría suceder. Funciona mejor si lo escribes y lo relees cada vez que sientas miedo; y, por supuesto, debes llevar un registro minucioso del paso a paso para darte ánimo cuando lo necesites.

6. El miedo se alimenta de tus sensaciones de que vales poco. Alguien, como un loro que dice sólo cosas negativas, te habla al oído continuamente. El miedo se vale de tus debilidades, y por eso, como odia tus fortalezas, a ti te resultará muy grato y hasta fácil salir de eso posicionándote en positivo. Esas cosas que escuchaste alguna vez y que, inconscientemente, las sigues repitiendo aunque hayan pasado varias décadas, no te sirven más. Vales mucho; eres un ser humano que -aunque quizás aún no lo sepas- tiene sus dones y habilidades que lo hacen particular. Eso es a lo que debes "sacarle lustre" cada día para dejar de sentir que vales poco.

7. El miedo se alimenta de tu negatividad. Por eso vives un espiral descendente que parece no tener fin: un pensamiento lleva a otro, y siempre en sentido descendente. Todo lo contrario sucede cuando empiezas a animarte para dar el paso a paso: la negatividad cede y comienzas a recobrar tu auto dominio y control de tus emociones. En poco tiempo, practicando una y otra vez como cuando aprendiste a andar en bicicleta, vas a experimentar un estado de consciencia más positivo, y apoyado en tus pequeños logros enfocados en "ese gran logro" por el que estás trabajando. Recuerda que en lo que piensas es en lo que te conviertes: si piensas en "miedo", eso es lo que obtendrás.

8. Busca la verdad en vez de ocultar los hechos. ¿Sabías que el miedo se alimenta de mentiras? No le gusta la verdad, que, en este caso, es que tú puedes superarte y vencer las barreras que te limitan. Por eso se esfuerza en ponerte todo tipo de cuentos e historias negativas, en alianza con tu ego. El ego siempre querrá que vayas por más, y si no le prestas atención, empezará a traerte todo tipo de tropiezos y miedos para que desistas. ¿Qué voz eliges escuchar?

9. Inhala profundamente aire cada vez, en lugar de contener tu aliento. El miedo se alimenta de la asfixia, del ahogo, por eso te sientes con poca lucidez en esos momentos extremos. Cuando respiras con toda tu capacidad de pulmones y diafragma -justo arriba del estómago y detrás del ombligo- se duplica tu cantidad de aire. Esto permite que el cerebro se oxigene mejor y que sientas más energía.

10. Acepta los errores, ya que eres un ser humano. Deja de lado tu adicción a pretender que no cometerás ningún error. El miedo se alimenta del perfeccionismo. No existe la perfección en este plano físico; de hecho, todos los seres humanos somos imperfectos. Entonces, acéptate tal como eres, y empieza a aprender de los traspiés: son los grandes maestros.

11. Da un paso hoy, en vez de esperar a correr un maratón mañana. El miedo se alimenta de esperar, de que no concretes las cosas. Como quiere tenerte dominado en un lugar muy profundo, intenta que no cambies y estés siempre en el mismo círculo vicioso. Para afrontarlo, asume con todo tu ser que necesitas dar un paso por vez. Está muy bien plantearse grandes objetivos: todos ellos se conquistan con el primer paso. No existe la posibilidad de saltar en el tiempo, así que para conseguir aquello que quieres, tienes que hacerlo gradualmente. Una vez que empieces en este camino virtuoso, no te detengas: sigue, sigue siempre.

Cuando alcances la maestría a través de la práctica constante para desprenderte de tu miedo, vivirás de allí en más conectado con la autenticidad de quien eres en esencia: un ser libre de cualquier atadura.

CÓMO PERDONAR EL PASADO PARA ENFOCARTE EN EL PRESENTE

¿Te has dado cuenta de la cantidad de tiempo y energía que consumes pensando en el pasado? Si bien esta actitud de vida puede tener su aspecto positivo, en general los seres humanos se la pasan rumiando sobre lo que fue, lo que no fue, los errores que ha cometido -propios y ajenos- y lo que debería haber sido.

> Cada vez que te enfocas de esta forma negativa de visualizar tu pasado limitas tu visión del presente, y no permites abrir los puentes hacia el futuro.

Aquí, 4 claves prácticas para perdonar el pasado y enfocarte en el presente.

1. Elige tu actitud

Si pudieses trazar una línea de tiempo de tu vida, y analizarla en perspectiva, verías lo que han afirmado varios estudios científicos de divulgación: en general, la depresión se encuentra en el pasado de tu vida, y la ansiedad, en el futuro. Como sólo existe este momento, el aquí y ahora, es una falacia vivir anclados en lo que fue o lo que podría ser.

Todos somos seres mortales; quiere decir, que nacemos, vivimos y morimos, convirtiendo esta experiencia humana en un camino de aprendizaje.

Tu actitud es la que permite resignificar -dar un nuevo significado- a la forma en que accionas en todos los aspectos de la existencia. El enfoque que le pones es directamente proporcional al nivel de felicidad y bienestar, equilibrio y paz interna.

2. Conviértete en el mejor alumno

En momentos en que te asaltan los recuerdos del pasado, esos que te atormentan y alteran tu equilibrio, haz una pausa consciente. Trae tu mente al presente de tu vida. Conecta con el instante actual, y haz una línea interna con tu visualización para ver las experiencias que vienen como añadidura de aquello que viviste. ¿De qué forma te fortaleció? ¿Cómo te hubiese gustado que fueran las cosas, y qué determinó que cambiaran el rumbo? ¿En qué creciste y te transformaste a partir de aquello? ¿Estás eligiendo sufrir por miedo a soltar el pasado? ¿Qué te dicen tus emociones? ¿Has tenido enfermedades que, de alguna forma, podrían asociarse con la psicosomática de aquel episodio traumático? ¿Cómo has articulado tus relaciones en base a esa experiencia anterior? ¿Hay algo que puedas hoy hacer mejor para transmutarla y convertirla en aprendizaje?

3. Perdona el juicio hacia ti mismo

La culpa y el resentimiento son dos de las cargas emocionales más pesadas que arrastra la mayoría de los seres humanos. El problema es que, al cargarlas, sufres; y al sufrir, se deja de sentir el presente. Quiere decir que todo lo que arrastras te domina, aunque sea inconscientemente.

Una visión interesante acerca del perdón hacia uno mismo o hacia los demás (por cosas que interpretas que te han provocado daño), es trabajar conscientemente este aspecto esencial para sanar el pasado.

Necesitas practicar y aprender a perdonar no el hecho en sí que produjo aquel daño (por más que haya situaciones tremendas por las que pasan muchas personas), sino el juicio interno que tu mismo haces aún hoy sobre eso.

Entonces, una buena forma de trabajarlo es tomar minutos a solas cada día, relajarte, meditar; luego, visualiza esa situación dolorosa que quieres perdonar o de la que te sientes culpable. Y repite para ti mismo, escribe o di en voz alta: "Me perdono por el juicio a mi mismo que me provoca (tal situación del pasado)".

¿En qué cambia? Fundamentalmente, en asumir una parte de responsabilidad. Quizás no la tuviste en el hecho en sí, aunque si aún hoy lo estás sufriendo y padeciendo, lo que puedes perdonarte es el juicio hacia ti mismo por conservar esa vivencia tan presente que te paraliza u obstaculiza para avanzar.

Una aclaración importante: hay traumas que perduran de por vida, y por más que los elabores internamente, necesitan de la ayuda psicoterapéutica apropiada para sobrellevarlos mejor.

4. Valoriza el presente

Como en todo, la práctica, la consciencia y el entrenamiento permanente pueden conectarte con la oportunidad de perdonar el pasado para enfocarte en el presente. Es un proceso lento y paulatino, que requiere de mucha disciplina, perseverancia y persistencia.

El resultado será una mayor fortaleza interna y, con el tiempo, sentirte más liviano al haber soltado esa carga emocional que tanto te pesaba durante años.

CÓMO SUPERAR EL RESENTIMIENTO Y EL RENCOR

El resentimiento parte de una profunda decepción por alguien que consideramos que se comportó de manera indebida, y es de las más dolorosas que se experimentan en la vida. Traiciones a la confianza, infidelidades, mentiras, abandono de personas, violencia en todas sus formas, estafas económicas y morales y apropiación ilegítima forman parte del repertorio de esta emoción negativa.

Como emoción que es, podemos alojarla en nuestro interior durante horas, meses o años; y vivir con ella encima es altamente perjudicial para el que lo siente.

> Re-senti-miento = Volver a sentir la mentira.
> He aquí una buena síntesis para empezar a entender de qué hablamos.

El resentimiento siempre está en el pasado. Entonces, lo que necesitarás hacer es trabajar en ti, en el presente, para elaborar y procesar esa emoción negativa que la vives, como si hubiese sido hoy mismo.

Todo comienza con una distorsión en la imagen que yo tenía hacia la otra persona, que hizo algo que considero totalmente contrario a lo que esperaba de ella. Al no lograr conciliar la imagen previa con el hecho que se produjo, nace el resentimiento, provocado a través de un comportamiento o suceso en particular.

La ira del comienzo, mezclada con la sorpresa por sentir que hemos sido profundamente decepcionados por una persona, se traduce en síntomas que, incluso, llevan a generar enfermedades graves.

Muchas personas prolongan el resentimiento en su interior a partir de un autodiscurso negativo, y un reproche que, parece, está dirigido hacia el otro; aunque, muy profundamente, es hacia uno mismo, generalmente en forma inconsciente.

De la decepción al rencor hay un solo paso

Quizás te ha pasado que no puedes ni siquiera escuchar el nombre de una persona, porque desencadena una sucesión de emociones negativas, como si revivieras con intensidad aquello que sientes que te dañó tanto.

Este proceso es como un espiral que crece sin control, por lo que siempre es recomendable, por la propia salud, resolver la decepción para poder mantener otras relaciones sanas con diferentes personas. Esto sucede porque el resentimiento genera un marco de falta de confianza que, incluso más allá de toda lógica, puede implicar a otras personas. Como te basas en aquella experiencia dolorosa, te auto proteges del resto.

El otro ni se entera

Lo curioso del caso es que, por lo general, aquellas personas por las que sientes resentimiento muchas veces ni se enteran de ese estado que tienes. Simplemente, porque ven su parte de la realidad, y por más que perciban actitudes distantes u hostiles, las atribuirán a otras causas.

Es importante recordar que los demás no cambian según tú quieres; sino, exclusivamente, si ellos eligen cambiar.

Además, el resentimiento consume cantidades extremas de energía, por lo que es habitual que se combine con signos de falta de vitalidad y entusiasmo, tristeza, nostalgia y hasta depresión. Y todo por quedarte anclado en aquella experiencia que has significado como muy dura.

Cómo superar el resentimiento y el rencor

1. Toma consciencia de la causa

Es necesario un profundo darse cuenta y reconocer que estás viviendo esta emoción negativa. Al identificarla, podrás determinar qué la provoca.

Esto, que parece fácil, no lo es: generalmente te quedarás en los hechos, en lo que concibes como la historia de la cuestión. Sin embargo, la causa suele estar subyacente en lo más profundo.

Para hacerlo, busca separar la emoción que te domina, para observar la cuestión de una manera más neutral, y así podrás recolectar la mayor cantidad de información.

2. Proceso C.A.P. de tres pasos

Esta fórmula probada es muy útil para resolver el resentimiento, y también el rencor permanente que éste conlleva. C.A.P. tiene tres fases: **Comprender, Aceptar y Perdonar.**

Comprender: aquí buscas como resultado entender los antecedentes del tema. No se trata de justificarlo, sino de intentar comprender las razones, circunstancias, momentos y entornos. Esto no significa que estás de acuerdo con el hecho: solamente procesas información. Conociendo más sobre sus posibles creencias, impulsos, formas de vida e intereses personales, podrás sumar elementos de análisis.

Lo útil de este paso es saber que un comportamiento no define por completo a una persona; aunque sí demuestra su forma de proceder en aquel momento. Esta disociación es muy sana y útil para entender, el sentido fundamental del Comprender.

Aceptar: te guste o no, como el resentimiento está en el pasado (y el rencor en el presente, porque aún hoy lo sientes), debes aceptar -y no justificar- que la persona actuó de aquel modo, y que lo sucedido no se puede cambiar. ¿Qué significa aceptar? Es dejar atrás lo que te pesa, esa mochila de una tonelada con la que cargas quizás desde hace tanto tiempo, y disponerte a soltar ese sentimiento que te consume por dentro, dejándolo de lado.

Aceptar, también es tomar conciencia cabal de lo que sientes, piensas y cómo esto te limita en el presente para seguir viviendo de manera equilibrada y armoniosa. También es entender que es tu responsabilidad personal hacer este proceso: nadie más puede realizarlo en tu nombre.

Perdonar: quizás este sea el paso más desafiante, ya que aplicar tu perdón a situaciones muy dolorosas que te producen resentimiento y rencor quizás lo sientas como una batalla que has concedido al otro.

Piénsalo de esta forma: una batalla es una lucha, una guerra. En este caso, con dos guerreros: tú, y tus emociones. El otro ni se entera de lo que estás pasando. Por lo que todas las herramientas para traspasar estas emociones son exclusivamente tuyas.

Si quieres tener una mejor relación contigo y con los demás, necesitas personar. Esto es mucho más sencillo que seguir arrastrando el peso que te encadena a aquello del pasado. Hazlo en forma honesta, profunda, y date el tiempo necesario; aunque no te distraigas: necesitas disolver la emoción negativa. Deja de lado los reproches y la forma en que te sientes tironeado hacia atrás mientras lo haces. Simplemente sigue. Piensa en la recompensa: sentirte en libertad respecto al resentimiento que te ató durante tanto tiempo.

3. Expresar lo que sientes

Si tienes la ocasión de conversar con aquella persona, y en caso de que esté abierta a trabajar contigo en que tú resuelvas esto que te incomoda tanto, comunícate en forma asertiva. Puedes hacerlo personalmente, o por una carta, o un correo electrónico. Asertivo significa no perder de vista tu objetivo, sin dejar de considerar al otro. No servirá de nada entrar en reproches del pasado, puesto que debes entender que el otro está "en otra frecuencia" diferente sobre lo que estás planteando.

Expresa claramente cómo te sientes y cómo hubieses querido que actúe en el pasado.

Pregúntale si recuerda aquel episodio, ya que muchas veces no es así, aunque para ti parezca imposible de creer.

Escribe tus puntos principales de esa conversación honesta, para no desviarte del tema. Comprende que, independientemente de lo que el otro diga, este es un ejercicio del perdón de tu parte, que utiliza al otro para resolver algo en ti.

Si es una situación en la que puedes correr algún tipo de peligro físico o emocional, puedes hacerlo poniendo una foto de la persona frente a ti, y manteniendo una conversación donde expreses lo que sientes.

Si las personas no están físicamente, funciona también lo de la fotografía, o bien escribir una carta con la modalidad "escritura libre", una sucesión de palabras -sin importar su estructura literaria-, que expresen lo que sientes.

Es importante que siempre dediques un buen tiempo a expresar el perdón desde la profundidad de quién eres; no solamente dejarlo en palabras.

Como ves, hay múltiples caminos para encarar un profundo proceso de resolver el resentimiento y el rencor. Una vez que concluyas con este proceso, elegirás qué tipo de relación quieres tener con esa persona. Esto significa ubicarla en el plano de interés actual de tu vida, sabiendo que es tu opción.

Muchas veces, ese rencor y resentimiento surge al quebrantar los dos pilares fundamentales de las relaciones humanas: la fidelidad y la lealtad; su vulnerabilidad conlleva una traición y un fuerte dolor en quién lo padece.

CÓMO SUPERAR LAS TRAICIONES

¿Ser fiel o ser leal? La diferencia está en una línea fina entre los dilemas éticos humanos. Cuando los tiempos están convulsionados, se tienden a desplazar estos límites, y así se generan situaciones que frustran, lastiman y decepcionan.

Qué significa ser fiel

Todo parte del principio de la confianza. En términos formales, ser fiel tiene que ver con acuerdos entre personas en el marco de cualquier tipo de vínculo que se mantenga -relaciones, trabajo, amistad, familia-.

El concepto de fidelidad se basa en ciertos pilares o principios compartidos, llamados valores, explícitos o tácitos, entre dos o más personas en pos de un objetivo común.

La fidelidad se basa en un marco de promesas que realiza cada parte sobre las bases del comportamiento que se establece como apropiado para el vínculo. Se busca que sea una promesa de compromiso a través de la que queda definido un estado del futuro en construcción entre ambos.

El condimento esencial en el ser fiel es el de la responsabilidad por los actos y ser consecuente entre lo que se promete, lo que se piensa, dice y se hace. Esta congruencia, sostenida en el tiempo, sienta las bases de un vínculo de fidelidad.

Como se trata de cuestiones basadas puramente en las relaciones humanas, duele mucho cuando se da un hecho de infidelidad, -que excede lo que comúnmente asociamos con lo amoroso, ya que se puede ser infiel en cualquier ámbito-.

La lealtad

La lealtad implica un nivel de ser fiel y consecuente a rajatabla, en este caso volcado a una causa, un proceso, una tarea en conjunto.

Como se basa en ciertos preceptos que hay que seguir, y que son casi iguales para todos los que adhieran, ser leal significa gestionar apropiadamente los acuerdos que llevan a un correcto desenvolvimiento de ese pacto.

Por ejemplo, en doctrinas ideológicas de cualquier tipo se habla del principio de lealtad como algo que buscan que sea inquebrantable, porque cuando se pierde este precepto fundacional, se pierde el sentido.

El caso típico es cuando estalla un caso de corrupción en una empresa o gobierno, y empiezan a quebrarse las lealtades de muchos involucrados.

En este caso aparece como protagonista el componente del compromiso: se promueve un apoyo mutuo en una relación de pares por una causa que los une.

Esto difiere un poco del ser fiel, puesto que en ese caso puede existir un compromiso que acaso puede ser impuesto por una de las partes y no precisamente definido por la relación de iguales. De allí que haya tantas versiones de "qué significa ser fiel" (por ejemplo, en una relación amorosa) como personas existen en el mundo.

Características del ser fiel, y de la lealtad

Una aproximación a estos rasgos lleva a concluir que alguien fiel es una persona que cumple sus promesas; mantiene los acuerdos (lealtad) en el tiempo; mantiene ese principio por más que cambien las circunstancias, y ha dado su promesa en tal sentido.

En la lealtad, la persona siente obligación -espontánea o impuesta- de cumplir con sus pactos con otro, una institución, una causa, su patria o lo que considera mejor para si de acuerdo a su marco de ideas. También se manifiesta como gratitud, cooperación, acompañamiento y visión en común sobre ciertas cuestiones, y se basa en acuerdos.

8 consejos para superar una traición

Busca poner en un plano objetivo la situación. Difícilmente puedas hacerlo con emociones turbulentas. Es conveniente dejar pasar un tiempo prudencial, y analizar desmenuzando los hechos más que la respuesta automática emocional de tu parte.

Date tiempo y no reacciones en caliente. Este punto es fundamental, ya que lo que parecía hervir en tu interior irá bajando la temperatura con el correr de las horas y días. Esto permite tener una mirada más compasiva y amplia sobre la traición, para tomar mejores decisiones.

Si la persona te importa, acláralo. Esto significa que buscarás entender, que no es lo mismo que justificar. Recuerda apoderarte de la comunicación hablándolo en primera persona ("Lo que yo siento...", "Esto me impacta en lo personal..."). En cualquier caso, el ser sufriente tiene una parte de la visión de la situación (basada en lo que le impacta negativamente). Habrá que intentar considerar también la otra mirada, para poder elegir mejor.

Si la persona no es relevante, puedes considerar dejarlo pasar. Entregarle tu poder a algo que carece de importancia para ti es como azuzar un fuego para seguir cociendo la traición a fuego lento. En vez de eso, resignifícalo, por ejemplo, sabiendo que con dicha persona no mantendrás ese tipo de acuerdos de aquí en más, y haciéndoselo saber a su tiempo. Ya sabes que no podrás volver a formalizar pactos o acuerdos.

Evita sumar juicios que no conducen a tu mejor estado interno. El culpar al otro es una reacción entendible cuando estás con las emociones alteradas. Sin embargo, no aportará ningún tipo de claridad, empezando por ti.

El perdón. Cuando se producen hechos de traición y el otro es muy importante para ti, puedes considerar esta opción. El perdón siempre empieza por ti y termina en ti: es un acto de humildad íntima contigo, que involucra al otro en cierto nivel. Perdona los juicios hacia ti mismo frente a esa situación, y busca disociarlos de los "hechos" (circunstancias). Son dos cosas distintas.

Se sincero y honesto. Esta clave te permitirá usar la asertividad al comunicarte para que el otro sepa de primera mano cómo te sientes. Vence el temor a expresar claramente tu dolor; y ten la certeza de que el tiempo encaja las cosas en su lugar.

Da vuelta la página. A veces conviene ser frío al tomar estas decisiones. Entrénate en saber cuándo dejar de librar todas las batallas para tener paz interna; en esto, el perdón y el paso del tiempo con su aliado, el poner las cosas en su lugar, serán tus mejores ayudas.

Como ves, en muchas oportunidades nos encontramos en medio de situaciones complejas que requieren afrontar conversaciones difíciles, y no sabemos bien cómo empezar y desarrollarlas.

8 CLAVES PARA MANTENER CONVERSACIONES DIFÍCILES

En este apartado conocerás una serie de claves esenciales para que puedas mantener esos intercambios que suelen ser una traba importante ya que cuestan un poco e inquietan bastante.

Preparar la conversación. Para poder llevar adelante conversaciones difíciles, se necesita prepararse internamente. Cualquiera que sea el motivo por el que se vaya a afrontar esa situación, es importante estar en nuestro eje, centrados, tranquilos y serenos. La preparación incluye el pensar y diseñar el antes, durante y después, los argumentos, los escenarios alternativos de resolución, los enfoques de la charla y la forma de hacer tangible el resultado que se obtenga.

Ser asertivos. La serenidad y tranquilidad de la primera clave son una condición esencial para poder ser más asertivos y lograr así, encontrar el tono justo de la conversación. También es fundamental prestar atención a las expresiones faciales y de nuestro cuerpo (comunicación no verbal); es requisito encontrar aquellas apropiadas para lograr comunicar prácticamente sin ruidos ni distorsiones lo que queremos expresar hacia la otra o las otras personas.

Hacer foco en el resultado. Además, al estar tranquilos, es posible enfocarse internamente en el objetivo final de lo que se quiere transmitir, y, desde allí, articular todo el proceso de comunicación.

Plantear escenarios alternativos. Buscar un plan A, B y C permitirá moverse entre las distintas opciones, en el necesario proceso de negociación de aspectos claves. Al tener los escenarios prediseñados, es más factible acceder a un buen punto intermedio. Hay que recordar que en cualquier negociación ambas partes deben estar conscientes que cederán algo, si existe voluntad de arribar a un acuerdo.

Hacerse cargo de la comunicación. Es muy importante que en todo momento podamos apoderarnos de la comunicación. Esto significa que en vez de utilizar "el dedo acusador" hacia las demás personas y que esto no se nos vuelva en contra, es recomendable hablar siempre de uno mismo. Expresar los argumentos en primera persona con expresiones como, por ejemplo, *"lo que yo siento"*, *"la forma en que esta situación a mí me impacta"*, *"desde mi perspectiva"* o *"desde mi punto de vista"* marcan contexto frente a la otra parte, y define desde qué espacio se está operando el hecho comunicacional. Esto no significa ser egoístas: significa enfocarse en lo que se está percibiendo desde la posición de quien comunica. De esta manera, los otros podrán captar rápidamente que lo que estamos diciendo no es *en contra de ellos*, sino que tiene que ver con la forma en que nos impactan determinadas situaciones que llevan adelante. Nuevamente, es requisito hacerse responsable de los dichos al ciento por ciento.

Chequear lo que interpretamos y si nos han entendido. Durante conversaciones difíciles tendemos a dar por sentado que lo que estamos diciendo ha sido efectivamente recibido, sin ningún tipo de distorsión, lo que podría significar un gran error tanto en la interpretación que las otras personas puedan hacer de lo que nosotros estamos diciendo, como de las cosas que dijeron las demás personas y que nosotros quizá no las interpretamos correctamente.

Recapitular por partes para sacar conclusiones. Es aconsejable ir pasando en limpio todo el tiempo los pequeños pasos que se van dando durante la conversación, porque es frecuente olvidarse de retomar y dejar en claro cada punto.

Formalizar el acuerdo. Si el tema difícil lo requiere, hay que dar por finalizada la conversación con un acuerdo de partes, donde se registre, por escrito -no verbalmente- todo lo que se ha acordado.

Estas claves te servirán para mantener todo tipo de conversaciones, y, especialmente serán de gran utilidad para afrontar aquellas conversaciones que te disgustan o que tienen cierto nivel de dificultad. Lo más importante es que siempre se tenga en cuenta que, cuanto mejor se ejerza la comunicación, mejor será el resultado que se obtendrá.

DE QUÉ COSAS ERES RESPONSABLE; Y DE QUÉ COSAS, NO

En el mundo hay personas responsables e irresponsables; incluso están aquellas que se hacen responsables de los demás -por más que se trate de otras personas mayores de edad-, y muchos más, irremediablemente irresponsables.

Este juego de palabras sirve de introducción para pensar acerca de qué significa la responsabilidad. En un sentido amplio, es hacerse cargo de las distintas cosas que tienen que ver contigo mismo.

También hay otro concepto, que quizás puedas considerar, y es el que da la pauta que puede sintetizarse así: ***"repons-habilidad" = habilidad para responder.***

Responder ante lo que se presenta, lo que necesitamos hacer o completar, y todo aquello en lo que estamos directamente involucrados.

La palabra proviene del latín *"responsum"* (aquel que está obligado a responder de algo o de alguien). Asimismo, se relacionan los verbos *Respondere* y *Spondere*. El primero, significa defender o justificar un hecho en un juicio y el segundo, jurar, prometer o asumir una obligación.

De esta forma, concluimos en que la responsabilidad es asumir el involucramiento personal sobre cualquier hecho o acción en la que un sujeto forma parte, y, adicionalmente, hacerse cargo de las consecuencias de sus actos.

Desde muy pequeños se entrena a las personas en responsabilidad versus consecuencia de sus actos (lo que genera culpa); es una dinámica muy dañina esta última, la de crear personas culposas, ya que redundará directamente en la estructura síquica haciendo una configuración menos fuerte y subestimada de su propio potencial.

Dos beneficios directos

El ser responsable tiene dos beneficios directos: por un lado, ser más honestos, generando un marco de confianza y credibilidad; y por otro, ser más autónomos, ya que de esta forma se asumen las consecuencias de los actos de la vida, promoviendo mejores decisiones y un espíritu de libertad individual.

Analizando a fondo estos beneficios, se observa que las personas irresponsables lo son, en su inmensa mayoría, por exactamente lo contrario: hay un marco esquivo a la verdad, esto deteriora la confianza, y, a la vez, no asumen las consecuencias que les tocan por actuar como lo hacen.

De qué sí eres responsable

Para establecer más claramente el sentido profundo de la responsabilidad, es importante delimitar todo aquello de lo que sí eres responsable en forma personal e ineludible (más allá de que le esquives):

Si ya eres mayor de edad y tienes discernimiento -un concepto que la justicia toma en cuenta a la hora de hechos a juzgar, por ejemplo-, eres 100% responsable de tu vida, tus acciones, tus pensamientos, tus dichos y sus consecuencias directas e indirectas. De todo lo que dices que vas a hacer, de todo lo que necesitas hacer para alcanzar tus objetivos o los de los demás con los que te has comprometido, y de cualquier cosa, acción o pensamiento que depende de ti, y que te involucra, tanto en lo individual como en tu interacción con otros.

Incluso eres responsable de aquellas acciones en las que eres un partícipe activo -como puede ser un hecho de violencia que acontece frente a ti, y no haces nada por frenarlo, incluso si no eres el que lo infringe-.

> El sentido de la responsabilidad está íntimamente ligado al de tu libertad como ser humano. Y eso no se delega.

De qué no eres responsable

No eres responsable por lo que piensa otra persona, lo que hace por su cuenta y asumiendo su riesgo y consecuencias; sus problemas; sus dichos, sus acciones, y su comportamiento.

Aquí queda explícito el círculo de responsabilidad tuya, y de la otra persona que, como un ser independiente, necesita hacerse cargo de la parte que le toca.

> Muchas personas endilgan la responsabilidad personal a otra persona, queriendo transferirle algo que es indelegable.
> Y peor aún: hay muchas personas adultas que, por distintos motivos (sentimiento de culpa, miedo al qué dirán, creencias limitantes, etc.) asumen como propios los problemas de los demás.

Empatía

La empatía es la habilidad de los seres humanos de ponerse en los zapatos del otro, para observar una situación o intentar comprender y entender desde su perspectiva.

En relación a la responsabilidad, muchos la confunden con deber asumir una postura en nombre de la otra persona; y esto es falaz, puesto que -nuevamente, en personas con discernimiento y mayores de edad-, la responsabilidad es inherente a cada ser humano.

Una cosa es intentar entender y otra, distinta, justificar el accionar del otro.

Responsabilidad vs. culpa

Una confusión frecuente es la que existe entre ser responsable y ser culpable.

Ser responsable es hacer todo lo que está dentro de mi círculo de **respons/habilidad** para responder ante las cosas que me he comprometido, he acordado o explícitamente sé que debo hacer.

Sentirse culpable muchas veces es un chivo expiatorio de la responsabilidad personal, de efecto negativo hacia ti y los demás, ya que lo sientes incluso con vergüenza por no haberse logrado lo que necesitaba hacerse, independientemente de haber sido algo de tu respons/habilidad.

La culpa, en lo profundo, es una distorsión de tu autoimagen interna (tus "debería"), lo que te hace sentir mal por no haber sabido responder con habilidad a un estímulo determinado.

Las personas culposas tienen muy baja autoestima, y confunden los límites de lo que les corresponde, y lo que es territorio de los demás.

Esto se llama atribuciones, y hay varios estilos (directa, indirecta), lo cual influye directamente en las emociones negativas de una persona, porque influyen en su auto concepto y luego, en su felicidad.

Es el ejemplo de una persona que, teniendo muy buenos logros (porque es responsable de sus actos) no puede disfrutarlos en lo que define como un "exceso de modestia", y se siente culpable, por caso, cuando los celebra o lo reconocen por hacerlo bien. También sucede viceversa, cuando alguien no tiene méritos y se los atribuye, lo cual aparentemente refuerza su narcisismo, aunque, a la vez, daña su relación con otros por querer apropiarse de algo que no le pertenece.

El factor "vergüenza ajena"

Otra manifestación del tema de la responsabilidad es este factor tan conocido, cuando una persona siente vergüenza ajena por el accionar de otro, allegado o no, y quiere suplirlo haciéndose cargo, reparando un daño, dando explicaciones por aquella persona, justificando lo injustificable, o cualquier otra manifestación parecida.

Proceder de esta forma no significa asumir la responsabilidad, sino, más bien, querer buscar aprobación, zafar de las consecuencias del verdadero responsable, mentir o eludir la parte que le toca a aquel ser humano -por más cercano que sea en la vida-, y no permitirte poner en perspectiva las situaciones y las cosas. En ti, esto genera confusión, desgaste y una autoestima entregada al control del otro. Es el caso de un familiar de una persona que ha cometido, por ejemplo, un delito sumamente grave, y, aunque haya pruebas en su contra, sigue intentando justificarlo para "sanar internamente" las heridas emocionales que eso le produce. En esos casos, lo más indicado es separar las cosas, delimitar las responsabilidades, y dejar que cada parte asuma lo que le toca.

Por eso, el saber de qué eres y de qué no eres responsable trae a tu vida un mayor sentido de dimensión, encuadre objetivo -dentro de la subjetividad en la que se viven las emociones-, saber hacerte cargo exactamente de la parte que te toca, y, por último, un mayor sentido de libertad humana para expresarte en el mundo.

"No pretendamos que las cosas cambien, si siempre hacemos lo mismo. La crisis es la mejor bendición que puede sucederle a personas y países porque la crisis trae progresos. La creatividad nace de la angustia como el día nace de la noche oscura. Es en la crisis que nace la inventiva, los descubrimientos y las grandes estrategias. Quien supera la crisis se supera a sí mismo sin quedar superado.
Quien atribuye a la crisis sus fracasos y sus penurias, violenta su propio talento y respeta más a los problemas que a las soluciones. La verdadera crisis es la crisis de la incompetencia. El problema de las personas y los países es la pereza para encontrar salidas y soluciones. Sin crisis no hay desafíos, sin desafíos la vida es una rutina, una lenta agonía.
Sin crisis no hay méritos. Es en la crisis donde aflora lo mejor de cada uno, porque en crisis todo viento es caricia. Hablar de crisis es promoverla, y callar en la crisis es exaltar el conformismo. En vez de esto trabajemos duro. Acabemos de una vez con la única crisis amenazadora, que es la tragedia de no querer luchar por superarla."

Albert Einstein

CUÁL ES EL SENTIDO DEL SUFRIMIENTO

Algunas veces, frente a situaciones verdaderamente desafiantes, sobre todo en el plano de la salud, me he preguntado, y he escuchado a miles de personas preguntarse: ¿Por qué a mí?

La respuesta me la dio Mónica, hoy una amiga, antes mi psicóloga, que me llevó de a poco a transformar esa inquisidora pesadilla mental en "¿Por qué no a mí?". Parece fácil; y sin embargo, tuve que atravesar años para darme cuenta. Es un momento en el que haces "click" y todo parece despejarse.

¿A cuántos de ustedes les ha ocurrido lo mismo, en cualquier aspecto de la vida? Seguramente, hubo circunstancias externas –y con una gran influencia de nuestros pensamientos negativos, o al menos, 'cargados' de una energía no tan favorable en aquel momento- que nos marcaron y nos desafiaron. Y, sin embargo, aquí estamos.

A veces, el dolor físico –por ejemplo, a través de enfermedades-; psíquico –el que viene de pensamientos recurrentes y fantasmas-; emocionales –los que devienen de la dificultad que podemos tener para perdonar, dejar ir la culpa y el resentimiento-; y de cualquier otro tipo, son grandes maestros.

Quizás podemos convenir en que los grandes saltos de crecimiento en nuestra vida (apenas "un soplo en la eternidad", como ha definido este paso por el planeta tierra más de un pensador) han venido de la mano de grandes dosis de sufrimientos y experiencias dolorosas. De cualquier forma en que se hayan manifestado.

Los seres humanos somos extremadamente sutiles en muchos casos. Es por eso que no necesariamente llegamos a 'manifestar' el sufrimiento en enfermedades, depresión, adicciones o, incluso, atentando contra nuestra propia vida en muchos casos que conozco, sino que nos auto boicoteamos.

Esa mirada censuradora del verdadero Ser, ese inmutable que habita dentro nuestro y que conforma lo que verdaderamente está en la esencia de cada persona, muchas veces se rebela y se manifiesta, caprichosa y constante, en una actitud adolescente que revela (acá, con v corta) nuestra propia insatisfacción sobre cómo estamos viviendo.

¿Te pasó alguna vez que quisiste tener el poder de desaparecer, o de tele-transportarte como en aquella serie y películas de 'Viaje a las estrellas' a algún lugar que –soñamos- puede ser el paraíso? Sin embargo, casi al instante si tenemos la facilidad de la introspección, miramos hacia dentro y nos damos cuenta (se nos 'revela') que escapar no conduce a nada. Apenas puede maquillar el dolor o el sufrimiento.

En busca de sentido

Un libro verdaderamente transformador es "El hombre en busca de sentido", de Viktor Frankl, creador de una corriente de análisis llamada logoterapia. Frankl, que estuvo muchos años en los campos de concentración, perdió a su familia –mujer, hijos y muchos amigos- en aquella horrorosa situación. Sin embargo, más allá de lo que cualquiera pudiese pensar, se enfocó en cómo sacar provecho de esa cruenta vivencia.

Es así que, mentalmente –ya que estaba imposibilitado de hacerlo de otro modo- fue repasando las conductas de sus compañeros, y la suya propia, y analizando en detalle, con su ojo clínico, los comportamientos que llevaban a que algunas personas sobrevivieran al horror, y otros no. Y cayó en la cuenta en que aquellos que más alegres estaban, que, por ejemplo, le ponían canciones a sus días aciagos o visualizaban un punto de luz blanca y pura que los rodeaba y los protegía, tenían mayores chances de seguir con vida.

La historia demostró –y el mismo Frankl lo relata en sus libros- que no todos salieron con vida; como no todos los afectados por enfermedades que comprometen seriamente la salud se recuperan. Sin embargo, una gran parte de ellos tuvieron un período más feliz, pleno y verdadero, que los demás, ahogados en el dolor, la desesperación y la falta de esperanza.

¿Esperanza o fe?

Desde mi perspectiva, y sin querer sonar dogmático con esto –seguramente hay tantas opiniones como narices al respecto: cada uno de nosotros tenemos una-, hay una gran diferencia entre la esperanza y la fe.

La fe la interpreto como un acto donde entregamos lo que sea (el dolor, sufrimiento, una situación, el curso de la vida) a una fuente superior, y se lo damos 'en consignación' para que se haga su voluntad.

La esperanza implica, además de fe, un inquebrantable trabajo interno de seguir levantándonos, pese a todo. Es, en cierto modo, adueñarnos del poder que reside dentro nuestro, explorarlo, sacarle lustre, y utilizarlo casi como un escudo protector para atravesar cualquier desafío que se presente. Incluso aquel más desmoralizante y fuerte que nos toque vivir.

El maestro espiritual John Roger señala reiteradamente en sus libros y materiales de estudio: "No se te da nada que no puedas manejar". No es un concepto nuevo; está en la Biblia y otras Sagradas Escrituras de prácticamente todas las religiones. Y esta frase, corta y potente, muchas veces funciona como un recordatorio de que las cosas que nos tocan vivir y atravesar, vienen a enseñarnos algo. Son peldaños para crecer y avanzar.

¿Cómo lo vamos a hacer? Depende exclusivamente de nuestra actitud. Podemos pasar por ese puente movedizo llorando, o quizás, conscientemente, y hasta con lágrimas si es necesario, dar un paso tras otro, hasta haberlo cruzado. Cuando llegamos al otro lado, miramos hacia atrás, con compasión (con-pasión) por nosotros mismos, y nos reconocemos, amamos y aceptamos por haber dado ese gran salto en nuestra experiencia humana. Y, seguramente –como también debes haber experimentado alguna vez- nuestra vida ya no será la misma. Es por eso que recordamos estos hitos con fechas y todo detalle.

Algún desprevenido dirá que somos masoquistas: que queremos acordarnos siempre del dolor. Sin embargo –tal vez coincidas en esto- se trata, ni más ni menos, que de tener bien alto y claro un fuerte punto de referencia, para, desde ahí, proyectarnos hacia lo que sigue, sea cual fuere el curso que se nos regala en esta bendición que es estar vivos.

Como es adentro es afuera, es una de las llamadas leyes de correspondencia del budismo. ¿Qué significa? Que todo lo que sientes, percibes y vives en tu mundo interior -aunque sea inconscientemente- se manifiesta de alguna forma en el exterior. De allí que el caos externo y el desorden permanente en tu vida, tanto sea en lo personal y en el trabajo, dice mucho más de ti de lo que imaginas.

POR QUÉ EL DESORDEN EXTERNO REVELA TU ESTADO INTERNO

Los estudios científicos que analizan los comportamientos humanos han establecido que el acumulamiento de cosas y el desorden están relacionados con diferentes clases de miedos.

El miedo al cambio, el miedo a sentirse olvidado o dejado de lado, a la carencia y a ser poco considerado por los demás, simbolizan también una confusión interna, falta de foco en lo esencial, tendencia a la procrastinación (postergar las cosas) y a la imposibilidad de conducir las riendas de tu vida.

Un ejemplo práctico que posiblemente a todos nos ha pasado: tu closet estaba completamente desordenado, y con muchísima ropa y artículos que no utilizabas hace meses o años. Un día tomas la decisión de ordenarlo; empiezas a descartar lo que sabes que no utilizarás; acomodas a tu gusto; clasificas los productos y… ¡magia! Surgió una energía imparable que te lleva a estar de madrugada limpiando y ordenando las alacenas de la cocina, la biblioteca y tu escritorio en casa.

El efecto nocivo de la energía negativa acumulada

La energía acumulada que no canalizas o drenas convenientemente se estanca. Al igual que el agua en una pecera, tu vida necesita de oxígeno. Tomar acción sobre el desorden y el caos externo es una forma de hacerlo.

Cuando completas las acciones -por ejemplo, ordenar el caos- el resultado es que instantáneamente te sientes más libre, enfocado y disponible. ¿Cómo sucede? Fundamentalmente porque has liberado energía trabada dentro tuyo, que quizás no eras consciente que tenías. Al remover esos espacios internos aparece mucha más capacidad "de almacenaje" para procesar nuevas experiencias.

Si bien algunas teorías del caos organizativo lo asocian con cierta capacidad creativa, no hay nada de malo en cierto desorden por momentos; el tema es cuando se vuelve patológico, recurrente y sostenido en el tiempo. En un lugar inconsciente estás resistiéndote a cambiar y evolucionar. Un ejemplo de ello son las personas que padecen de la patología psiquiátrica de acumulación compulsiva, hasta niveles asfixiantes. Al no poder manifestar externamente lo que sienten, su angustia, decepción y frustración por lo que les pasa, literalmente "se lo comen" (en muchos casos también aumentan de peso o se abandonan físicamente hasta niveles alarmantes).

Acumular papeles y tareas sin hacer significa falta de responsabilidad o de habilidad para gestionar los asuntos. Mantener objetos rotos o dañados o perder meses o años pensando en que los vas a reparar, simbolizan sueños y promesas rotas. No arreglar algo que te complica la vida, por ejemplo, una canilla que pierde se entiende como que hay problemas de dejar fluir la salud y la abundancia en general.

Si el desorden es en tu cuarto, inclusive en el closet, significa que dejas todo por la mitad y que la estabilidad es algo que te cuesta, aunque te quejas de que es lo que quisieras. Si te resistes a ordenar tu agenda y acumulas papeles, comprobantes y boletas y no los pasas a otro sistema de archivo, significa energía estancada en asuntos menores, que no te permiten progresar.

Si eres jefe o líder y pides a todo tu equipo reportes y rendiciones de cuenta, y pocas veces las revisas, es que tienes afán de control e, inconscientemente, de tenerlos a todos "a tu servicio" para satisfacer alguna necesidad interna no satisfecha.

10 claves prácticas para resolver el desorden

Los objetos y lugares cargan energía. Todo lo que heredas, o el nuevo apartamento y oficina que ocupas, está impregnado de energía de quienes te antecedieron. Habrás percibido algunas veces esta carga que no coincide con la tuya; incluso no sabías a qué obedece. Limpia las paredes o píntalas completamente.

Desordenas y ordenas de inmediato. Cualquier cosa de orden que te lleve menos de un minuto, hazlo en el momento. Lo que te lleve hasta 5, lo completas dentro de esa hora; y lo que te lleve hasta media hora, lo programas dentro del mismo día.

Mantén tu closet al día. Clasifica la ropa por estaciones; y obsequia a la caridad o a quienes lo necesiten aquellas prendas que ya hace más de un año que no utilizas.

Limpia y ordena tu escritorio. Clasifica los papeles en folders bien rotulados; los tarjeteros y contactos digitales por alfabético. Establece una sola forma de ingresar datos en tus sistemas del ordenador. Haz una limpieza completa cada seis meses.

Libros y otros materiales de recreación. Sólo uno a la vez. Una pila de libros sin leer no te ayudará a terminar siquiera uno.

Controla tus impulsos de consumo. Antes de comprar cosas, pregúntate: ¿Es verdaderamente imprescindible? ¿Lo necesito? ¿Lo quiero?, y escoge según tu mejor criterio: no por impulso.

La compulsión a comprar cosas denota emocionalidad inestable. Conócete profundamente y no intentes tapar lo que sientes comprando objetos.

Pide ayuda profesional. Hay casos en que requerirás de un psicólogo, psiquiatra, consejero o coach experto para que te acompañe en el proceso de resolver el caos en el que vives.

Mantén tus finanzas lo más al día que sea posible. Te traerá tranquilidad mental y de espíritu.

Asume las consecuencias. Vivir en forma desordenada te sume en mayor caos e incertidumbre, tristeza y hasta depresión. Hazte responsable de tu vida, corrigiendo a cada paso, hasta que el orden sea un hábito permanente.

> La vulnerabilidad no tiene nada que ver con la debilidad. Tiene que ver con tu autenticidad.

VULNERABILIDAD: LA CUALIDAD QUE TE HACE MÁS FUERTE

El diccionario dice: "*Calidad de vulnerable o que puede ser herido o atacado se echa a llorar con frecuencia por la vulnerabilidad de su carácter*". Entonces, ¿cómo ésta es una cualidad que te hace más fuerte?

Parece un gran contrasentido, y, en cierta forma, lo es; está alimentado por siglos de influencia cultural negativa hacia el rasgo de la vulnerabilidad, que dota de mayor humanidad a cada persona.

La vulnerabilidad es una condición humana que pone en marcha una movilización interna, incluso con emociones fuertes, cuando se toca algún aspecto sensible que te involucran directa o indirectamente.

Hasta hace algunas décadas, el sentir no estaba permitido; por cuestiones culturales como el machismo y la dominancia, expresar los sentimientos era mal visto en todos los ámbitos, incluso los más íntimos. Eran épocas donde hablar de lo que te duele y te conmueve podía ser interpretado como un signo de debilidad.

Incluso se habla de sistemas informáticos vulnerables (aquellos pasibles de ser hackeados, por ejemplo), y de sectores sometidos por condiciones socioeconómicas nada equitativas. Son diferentes acepciones de un término que se ha masificado y tergiversado.

Respecto a la condición humana interna, es apropiado conocer las distinciones para evitar confusiones.

El poder de mostrarte tal cual eres

Aún hoy en muchos ámbitos, como el del trabajo en su inmensa mayoría, ser tal como eres opone cierta resistencia. De tu parte y de los demás.

Sin embargo, la buena noticia es que algo está cambiando en base a nuevos derechos, la flexibilización de paradigmas, y un mayor conocimiento y gestión emocional.

Cuando te muestras tal cual eres puedes mostrar tu esencia, sin tener que vender una imagen forzada y artificial.

No existen las personas invulnerables

Aún en el espacio secreto mejor guardado por la persona que se cree o se la ha entronizado como la más poderosa del mundo, todos somos vulnerables en algún punto.

Esto no significa resignar nuestra inteligencia emocional y estar todo el día sometidos al manejo de las emociones por lo que sucede.

Significa, si, tener la dosis apropiada de auto consciencia, donde es posible conectarse con la vulnerabilidad propia de determinadas situaciones; se las expresa; se las comparte con personas de confianza; se las procesa y se las utiliza para crecer y avanzar.

El costo de ser un simulador emocional

Si te pones una máscara anti-vulnerabilidad en ciertos ámbitos de tu vida, con el tiempo vivirás anestesiado emocionalmente. Puede ser que sientas que tienes todo bajo control, y que no hay situaciones que te saquen de esa coraza que has construido.

Íntimamente, sabes que, a la larga o a la corta, habrá algo que hará tambalear tu estantería interna, y que aflorará tu vulnerabilidad. Es parte de la condición humana.

Además, el ocultarte evitará que las personas se acerquen a

ti con un deseo genuino de poder ayudarte en el nivel en que estás. Al no dejar ver lo que te pasa, eso profundizará tu sensación de soledad, y es posible que sientas que ya no puedes ni contigo mismo.

Eres humano; no un "super humano". Recuérdalo.

Capítulo 4

Motivación práctica para cada día

CÓMO MANTENERTE EN ACCIÓN AUNQUE NO TENGAS GANAS

La voluntad y las ganas determinan el poder hacedor de las personas. Los logros, el éxito y la concreción de las metas están siempre íntimamente relacionadas con estos aspectos de la actitud, esenciales para lograr lo que se quiere.

Muchas personas se dejan abatir por el desánimo luego de algún fracaso, y determinan internamente que no están preparados para el éxito, que no es su momento, o que no cuentan con las condiciones indispensables para hacerlo.

Sin embargo, la gran clave es mantenerte en acción permanente. El hacer, incluso cuando no tengas ganas, son directamente proporcionales a lo que obtendrás.

Más allá de la flojera que puede aparecer de vez en cuando, si realmente te comprometes contigo y con tu proyecto de cualquier orden, es imprescindible que hagas de la acción una estrategia de vida.

7 ideas para movilizarte aún sin ganas

Para que la vida funcione hay que ponerle energía, entusiasmo, optimismo, y acción. Estas 7 ideas funcionan si quieres movilizarte desde un estado de letargo y dejadez, hacia otro de mayor productividad y efectividad personal.

Ensaya algo distinto. La mayoría de las personas utilizan un pensamiento en espejo con situaciones del pasado: tratas de asimilar algo "parecido" y lo asocias directamente con "eso" que no te está trayendo el resultado en el presente. La vida no es lineal, tiene altibajos, como una montaña rusa. Prueba hacer algo totalmente diferente cada día, incluso cuando te gane el desánimo. Si te entrenas lo suficiente, un paso a la vez, verás que en menos de diez días saldrás de ese círculo vicioso que te limita.

Cambia la emoción detrás de tu inacción. Todo lo que logras (y lo que no logras) se mueve detrás de una emoción. La inacción, la falta de voluntad y la sensación de no avanzar tienen, detrás, una emoción. Profundiza en tu autoconocimiento para ver cuál es aquella que no trae el resultado que anhelas. ¿Es el miedo? ¿Es una creencia limitante que arrastras desde pequeño? Cámbiala por otra opuesta, y ensaya el resultado.

Empieza por algo muy pequeño. Una de las contradicciones es querer "empacharse" de cambios cuando se empieza a avanzar en un camino de logros. Lo ideal es, sin perder el entusiasmo, graduarlos y hacer un paso a paso paulatino, para que nuestro inconsciente y subconsciente trabajen a favor nuestro, y, a la vez, afianzar este nuevo estado interno. Una pequeña acción diferente, sostenida en el tiempo, producirá un gran impacto.

Busca aliados. A veces es bueno tener compañeros de ruta. Encuentra personas afines a tu meta a alcanzar. Por ejemplo, si deseas controlar tu peso, puedes ejercitarte con alguien que esté en el mismo plan. El camino se hace más agradable si lo haces acompañado.

Haz más de lo que te produce placer. Evitando todo lo nocivo que pueden tener los momentos de bajón, enfócate en aquellas cosas constructivas y positivas que te traen placer. Los cambios necesitan afianzarse con la recompensa, algo que funciona como un sistema bien integrado en el cerebro. Está compuesto por la amígdala, que regula tus emociones; el núcleo accumbens, que controla la liberación de dopamina (asociada con el bienestar); el área ventral, que libera dopamina; el cerebelo (controla funciones musculares), y la glándula pituitaria, que libera beta endorfinas y oxitocina, responsables del alivio del dolor, emociones como el amor y los lazos positivos, entre otras cosas.

Conecta el propósito de tus acciones. Desde la perspectiva filosófica y del autoconocimiento, es importante que busques el propósito que guía tu meta. Con eso en claro, sabrás por qué lo harás más a gusto, ya que lo habitarás de sentido.

Vence la procrastinación. Este término refiere a lo que hace una inmensa mayoría de las personas, postergar las cosas. Si lo haces, obtendrás menos energía y entusiasmo. Vence la postergación: es uno de los grandes males si quieres avanzar en la vida. Hazlo, y rápido. Disfruta del trayecto. Ponte metas y cúmplelas. Cierra los círculos abiertos, que drenan tu energía.

Existe un anabólico intrínseco que tenemos todos los seres humanos, independientemente de nuestras características y situaciones personales, la motivación. Como es algo subjetivo, depende directamente de la actitud más que de la voluntad. Una buena actitud, incluso en medio de grandes desafíos, siempre te permitirá afrontar mejor las cosas.

DE QUÉ COSAS DEPENDE TU MOTIVACIÓN

La motivación es transversal a cualquier persona y organización que necesite salir adelante; forma parte del impulso vital que nos mantiene vivos.

En su construcción, la psicología ha diferenciado algunas características que necesitan ser consideradas para comprenderlo mejor:

Proceso psicológico interno: si bien no puede observarse directamente, sí sabemos que la motivación se "siente" a través de los comportamientos que genera, y la consecución de logros.

Como es un **fenómeno individual**, depende de cada ser humano la forma en que le afectarán e influenciarán los motivadores internos. El mismo motivador, en otra persona, generará posiblemente un resultado distinto.

Desde otra perspectiva, la motivación es **compleja**, ya que requiere un proceso de análisis, integrar experiencias, conocimientos, actitudes y comportamientos, que se manifiestan, a su vez, en forma consciente e inconsciente.

Hay dos tipos de motivación: extrínseca o intrínseca. La primera, viene dada por estímulos externos, desde afuera de la persona -por ejemplo, cuando se entrega un premio a alguien, o se obtiene un logro muy deseado-; en cambio la intrínseca tiene el componente interno de cada persona.

Desde la perspectiva resultadista, motivación es lo que se necesita para estimular el desempeño humano y obtener resultados en cualquier aspecto, no sólo en el plano laboral. Al propender a lograrlo, es **propositiva**, porque promueve y propone un enfoque de energía y entusiasmo, optimismo y entrega, para conseguir lo que se anhela o se desea hacer.

Al hacerlo, el canal motivacional humano va **creando conductas** de actitud, movimiento, actividad y **persistencia,** para lograr resultados más allá de lo inmediato. Es lo que comúnmente llamamos "personas con ganas".

La creación de un marco de experiencias de motivación, **consolida la autoestima**, ya que permite a la persona superar la inercia y la mediocridad media, para entusiasmarse por aquello en lo que ve un resultado, una recompensa interna o externa.

Al compartir este espíritu interno auto motivado, recibe una **generación extra de energía; se retroalimenta** para seguir actuando en consecuencia, y crea un ecosistema de entusiasmo y optimismo que se nutre con y de los demás en la misma frecuencia. Por eso es que resulta habitual que personas auto motivadas decidan aislarse o separarse de aquellas negativas y poco proactivas, ya que, según dicen, "las tiran hacia abajo".

¿Qué cosas motivan a las personas?

Hay características muy claras respecto a los estímulos internos y externos que generan motivación. Una caracterización rápida incluye aspectos biológicos (como saciar el hambre, la sed, descanso apropiado, satisfacción sexual); sociales (logros, poder, autorealización, reconocimiento); e incluso lo personal (consecución de metas proyectadas en el tiempo; sentido de crecimiento y desarrollo interno; ser escuchado, amado y considerado).

Para motivar y motivarnos, es importante cruzar una serie de aspectos que incluyen, al menos, estos recursos: comunicación asertiva, apertura, gestualidad apropiada, equilibrio y balance entre la vida y el trabajo, socializar y compartir experiencias, tiempo de relax y pausas activas, reconocimiento y planificación de metas.

El desafío es mantenerse motivado y entusiasmado por la vida. Algo tan cotidiano, como la posibilidad de levantarse cada día, para muchos es un gran motor, mientras que para otros, una carga intolerable.

Trabajar en el ajuste emocional interno es esencial para desarrollar la cualidad de la motivación, incluso como una forma sumamente efectiva de atravesar las dificultades propias de la condición humana.

5 ESTRATEGIAS PARA MOTIVARTE Y DECIRTE "¡SIGUE ADELANTE!"

Cuando el camino se pone áspero y nos hace tambalear y hasta dudar de nosotros mismos, siempre está la oportunidad de elegir nuestra mejor actitud. Frente a tantos inconvenientes y problemas, si miramos en perspectiva los desastres del mundo, posiblemente podemos encontrar algún punto de referencia que nos permita observarnos en la real dimensión de las cosas.

Quienes atravesamos problemas realmente graves y sin solución inmediata, sabemos que hay varias cosas que podemos hacer. Sin embargo, hay una, quizás la fundamental, que nos permitirá trascender ese momento y dotarlo de significado: la voluntad.

Cuando se aborda el tema de la voluntad muchas personas lo asocian con las ganas, aunque es mucho más profundo y trascendente: tiene que ver con la determinación, la decisión consciente, constante y consecuente, de seguir adelante pese a todo.

Si la vida nos confronta con situaciones extremadamente dolorosas y difíciles, tenemos dos opciones: entregarnos al desánimo y dejarnos caer, o tomar eso como un escalón de aprendizaje y avance para salir adelante. Es difícil, desafiante y muchas veces con grandes dosis de incertidumbre sobre el resultado final.

Más allá de eso, está la opción de cómo vamos a atravesar este momento: si lo vamos a hacer llorando y quejándonos, lo que hará que nos regodeemos en el dolor y nos sometamos a un sufrimiento mayor; o si escogemos la actitud de aceptar lo que sucede, arremangarnos y ponernos manos a la obra para reconstruirnos con lo que queda.

Desde esta perspectiva de escultores de nuestra vida es que comparto cinco estrategias prácticas para salir adelante. No son recetas: pueden servir de caminos o disparadores para orientar el rumbo frente a la situación que los aflige y consterna.

Siléncíate y medita: en situaciones graves, nuestra mente -si está en condiciones de hacerlo- hace procesos a la velocidad de la luz; y somete a un desgaste adicional a las quizás exhaustas fuerzas del momento. El silenciarnos significa tomar espacios de quietud para nosotros. Una buena forma de hacerlo es intercalar unas cuatro o cinco veces en el día minutos de respiración serena: inhalar y exhalar profundamente, y visualizar en nuestra mente con la capacidad creativa que tenemos, esa foto que refleje un estado positivo sobre cómo queremos vernos, sentirnos y estar cuando hayamos salido de esta instancia.

Pide apoyo: palabras sencillas, alguien que nos lea algo estimulante; algún amigo que nos acerque esa música que tanto nos gusta; un ser querido que nos tome de la mano y comparta en silencio; la lealtad de nuestra mascota; un profesional que aporte su conocimiento y oído para que podamos sacar afuera lo que nos atormenta por dentro. De esto se trata pedir apoyo: formar una red de contención que, a medida que la necesitemos, tengamos la certeza de que estará disponible si así lo dispones.

Escribe tus pensamientos. Esta técnica es sumamente valiosa para dejar ir todo lo que nos duele y nos ata del presente -e incluso del pasado si lo recordamos con dolor, rencor, rabia o resentimiento-. Es saludable dejar que fluya, que drene -como cuando tenemos una infección donde hay que liberar eso que está obstruido-. Hazlo en silencio, quizás con una música suave, y deja reposar esos sentimientos negativos fuera de ti. Es una forma de transmutar desde adentro hacia fuera eso que tanto nos oprime y preocupa internamente. Si lo deseas, arroja esos papeles en el sanitario, o bien quémalos en un lugar seguro, como una forma simbólica de dejar atrás esa pesadumbre.

Toma consciencia de tus avances. Por pequeños que sean si tu actitud permanece enfocada no demorará mucho tiempo en que observes pequeños indicios. Hechos sencillos, como estar dispuesto a mirar por una ventana, a responder una llamada telefónica, a comentar sinceramente lo que te pasa con alguien que te quiere bien, a llorar e incluso a reírte, son pistas certeras de que estás en buen camino.

Da un paso a la vez. Tal como cuando hemos tenido un dolor físico muy fuerte, lo que queremos la mayoría de los seres humanos es que desaparezca de una vez. Recuerda: la persistencia es una gran maestra. Nos permite explorar los límites, la paciencia y el ritmo interno de transformación de las cosas. Si tomamos decisiones en un momento de profunda congoja, enojo, bronca o tristeza, quizás nos equivoquemos con consecuencias complejas. Sé paciente. Sólo así podemos ir conquistando el nuevo Ser interno que está surgiendo. Un ser lleno de fortaleza y sabiduría. De madurez y entendimiento, primero con uno mismo, y luego con el entorno y los demás.

Para terminar, un plus: hazte consciente que cada vez que calificamos las experiencias de vida como "buenas" o "malas" las limitamos. En cambio, si asumimos que lo que viene "simplemente es", automáticamente estamos observándolas desde la perspectiva saludable del aprendizaje. Y es justo desde aquí donde se abre un abanico de posibilidades infinitas para resolver los problemas, paso a paso, y a nuestro ritmo.

Sucede que la forma en que nos comunicamos crea estados de conciencia. Quizá esto no sea algo muy difundido o conocido por todos. Y hay algo más importante aún: esos estados de conciencia se manifiestan en la realidad de nuestra vida.

Esto significa que las palabras, los gestos y la actitud corporal que usamos todos los días para comunicarnos determinan anclajes que pueden ser positivos o negativos dentro nuestro y eso influye directamente en el éxito o fracaso nuestra vida. Es así de simple.

EL LENGUAJE Y SU INFLUENCIA EN TU MOTIVACIÓN

Cotidianamente, en promedio todos utilizamos el mismo vocabulario. Sin embargo, hay palabras que tienen una carga negativa muy fuerte. Son aquellas que pueden transformarse prácticamente en cadenas que nos amarren a situaciones no deseadas.

Si estamos pasando por un momento de tristeza, nostalgia o de victimización hacia nosotros mismos, un buen ejercicio es el de observar detenidamente cómo nos estamos comunicando.

Por ejemplo, la actitud del "pobre de mí", utilizar con mucha frecuencia palabras como "pero", "no" o expresiones como "no, pero..." o "no sé", automáticamente nos llevan a tener una visión negativa de todo lo que nos está rodeando.

También podemos observar estas actitudes en las personas de nuestro entorno. Probablemente sea mucho más fácil verlos en otros que en nosotros mismos, ya que todos somos muy buenos dando consejos hacia los demás, pero no tan buenos dándonos buenos consejos a nosotros mismos.

Por esto, compartimos a continuación tres pasos para tomar conciencia del aquí y el ahora en la forma en que nos estamos comunicando.

Primero: observar nuestras palabras. Observa conscientemente de qué forma te estás dirigiendo, y de qué manera expresas tus ideas. Mira, también, el resultado que obtienes. Si muchas veces no alcanzas a un final satisfactorio, es muy probable que la falla esté en la forma de tu comunicación.

Segundo: actitud corporal. De qué manera nos paramos, qué postura física adoptas frente a cada situación. Por lo general, en situaciones con personas a las que le das mucho poder, la actitud tiende a encorvarse y meterse para adentro, logrando únicamente encerrarnos dentro de nosotros y como consecuencia, no siendo tan asertivos como la situación ameritaría. Una postura erguida, balanceada entre los dos pies, con firmeza -que no significa rudeza-, podría ser más conducente en muchas situaciones.

Tercero: posición de escucha. En discusiones de pareja, con socios o con amigos, siempre es importante mantener la posición de escucha. Esto permitirá alejarse de la cuestión que produce ese enfrentamiento o el enfado del momento; facilita el tomar distancia, para asumir una tercera posición para mirar en perspectiva. Desde allí es más factible que puedas acceder a una mayor claridad y asertividad para comunicarnos mejor y con más efectividad.

La motivación es ese empuje interior a la que te entregas en la vida para salir adelante. En definitiva, se trata de tener entusiasmo, ganas y determinación para conquistar tus objetivos. Si bien para muchas personas motivarse es complejo y esperan recibirlo desde afuera, es indispensable auto generar esta energía que contagia a todos alrededor.

9 CARACTERÍSTICAS DE LAS PERSONAS AUTOMOTIVADAS

Estudiando casos de cientos de personas con motivación endógena o intrínseca, se han descubierto muchos rasgos en común. Aquí los tienes brevemente explicados, como una guía para practicar y desarrollar tu propio método; y también podrás saber si eres una de ellas, o en qué puedes mejorar:

» Confían en su fuerza y poder creador. Las personas automotivadas tienen una profunda certeza de que podrán aprender lo que no sepan, y encarar prácticamente todos los asuntos, incluso los más desafiantes.

» Contribuyen a mantener una buena autoestima. Trabajan conscientemente a favor de sí mismos, y no en contra -como es el caso de dejarse dominar por los pensamientos negativos-.

» Empiezan con el pie derecho cada día. Esto significa que ponen su enfoque y voluntad en hacer las cosas de la mejor manera posible.

» Cuidan su energía. Buscan rodearse de personas que los acompañen en su proceso de construcción de lo que desean; y se despegan sin más de los pesimistas y derrotistas de siempre.

» Controlan sus expectativas. Saben que, en el proceso creador de su realidad, hay cosas que pueden salir diferentes respecto a lo que planificaron. Sin embargo, no se dejan caer y aprovechan cada obstáculo como un escalón de aprendizaje hacia algo superior y mejor.

- Mantienen presente la recompensa. Esto significa que visualizan muy claramente el estado actual -de inicio de las cosas- y el deseado -al que arribarán-. Y en el medio, el camino es lo que los nutre de energía vital para avanzar. Al final, obtendrán la recompensa como consecución del paso a paso.
- Son agradecidos. Las personas auto motivadas no escatiman en reconocer a quienes los acompañan en su proceso hacia la meta. Tienen gratitud por cada experiencia; exprimen el día de forma tal que obtienen mucho "jugo" para absorber más allá de lo que sucede co ellos y alrededor.
- Practican la empatía, la cualidad de mirar la vida desde los ojos de los demás. Ponerse en el lugar de los compañeros de ruta es una gran clave para fortalecerse en aquellos aspectos que necesitan, y, a la vez, estimular a los demás a seguir adelante.
- Se autolideran y analizan sus pasos. Esto implica que asumen su responsabilidad al ciento por ciento, y le esquivan a todo aquello que sea victimizarse. Sacan conclusiones y no temen a ir profundo en lo que necesitan revelar de sí mismos. Cuantas menos sombras tengan dentro, más despejado estará el camino hacia afuera.

Como dice Jack Nicklaus, ex golfista profesional norteamericano, la clave está *en "Centrarse en los recursos que posees y no en tus fallos. Los errores son difíciles de olvidar, mientras que las cosas buenas de la vida tienen una existencia efímera en nuestras mentes. Pero ¿por qué dejamos que nuestra mente se fije más en los errores? ¿En qué nos beneficia eso? El único momento en que debemos pensar en nuestros fallos es con el propósito de aprender de ellos. Al lograr aprender de ellos, acto seguido debes enfocarte en la solución y seguir adelante. Y allí nace tu auto motivación cada día."*

Los seres humanos somos energía en movimiento, por lo que te invito a hacer tu propia "ecología interna" con sustentabilidad aplicada para optimizar tus recursos.

LAS 6 COSAS QUE MÁS ENERGÍA NOS QUITAN

Estos son los siete principales, que, si logras reconducirlos, cambiarán por completo el panorama:

La queja

Hay personas que se quejan por todo, generalmente sin razón. Es un hábito sumamente nocivo, que no conduce a nada nuevo, ya que no cambia el estatus de las situaciones. Recursos: observa tus pensamientos, y, ni bien está por aparecer una expresión de queja -desde sutil hasta las muy evidentes-, reemplázalo por una expresión constructiva. De esta forma, el patrón de queja irá disminuyendo paulatinamente, hasta desaparecer.

Tener visiones negativas permanentes

En un mundo agitado y cambiante, la transformación es constante; esto hace que, si no logras fluir y flexibilizarte ante las situaciones, tendrás miradas catastróficas sobre todo y todos, y agigantarás tu negatividad. ¿Te has dado cuenta que la felicidad no se agiganta en tus pensamientos, y sí tu negatividad? Es un espiral descendente, del que es difícil salir. Recursos: utiliza la actitud neutral, que está situada justo al medio entre lo positivo y negativo; te permite observar las cosas en perspectiva, sin participar ni responder rápidamente. Toma tiempo para reflexionar antes de que salgan tus peores expresiones.

Ser desorganizado

Lo que manifestamos afuera es tal cual como te sientes por dentro. De este modo, si tu vida es un caos en cuanto a la organización básica, desde tu hogar hasta el espacio de trabajo, tus relaciones, agenda y situaciones cotidianas, eso será exactamente lo que replicarás con mayor énfasis en tu energía vital. Tu cerebro estará permanentemente sin saber qué hacer. Recursos: ordénate paso a paso. Empieza por lo más sencillo y a tu alcance, y sigue por las cosas más complejas. Por ejemplo, llevar una agenda diaria es fácil; también puedes utilizar un sinfín de herramientas tecnológicas. Limpia tu hogar y recicla lo que ya no utilices: obséquialo, haz un acto solidario. Despeja tu energía estancada, y verás como muy pronto el orden será incorporado naturalmente a tu vida.

Ser opinólogo y discutidor permanente

Los seres humanos tenemos la posibilidad de expresar las opiniones, y esto es muy saludable. Sin embargo, estar en pie de guerra todo el día, haciendo observaciones sobre los demás (y muy pocas veces sobre nosotros), te consume energía. Recursos: enfócate en ti; expresa todo lo que quieras, apoderándote de la comunicación ("En mi parecer...", "Desde mi perspectiva...", "Como un aporte..."). Esta es una buena forma de seguir participando, aunque no necesariamente en todo lo que te desagrada del mundo y de los demás. "Empieza por limpiar tu casa, y luego sigue con el mundo", dice el refrán.

Vivir preocupado sin motivo aparente

La rigidez y estrechez de pensamiento lleva a una inflexibilidad no conducente a tu felicidad. ¿Te gusta vivir así? ¿Te adelantas a los acontecimientos y los pre-calificas siempre como negativos y catastróficos? ¿Imaginas toda serie de desgracias? Recursos: Detente y reflexiona. No sabrás el resultado de las cosas hasta que tengas la experiencia. Céntrate en tu presente y afronta paso a paso lo que se presenta.

No poner límites

El adverbio más poderoso que existe en la lengua humana es "Sí". Le sigue el "No", que te ayudará a fijar el umbral más allá del que no se puede pasar. Si estás enredado en muchas situaciones porque tienes un "Sí fácil", empieza a practicar con el "No" para fijar límites a situaciones, personas, conversaciones, respuestas rápidas y relaciones. Recursos: practica lo suficiente, hasta no sentir culpa por decirlo e incorporarlo. Te ayudará a estar más libre y con menos ataduras emocionales, que, de tan invisibles, se han convertido en tus carceleros inconscientes.

EL PENSAMIENTO POSITIVO SÍ FUNCIONA, AFIRMA LA CIENCIA

La ciencia ha encontrado evidencias del poder del pensamiento positivo; no sólo desde una aspiración puramente "cosmética", sino transformadora de raíz de las cadenas neuronales que todos tenemos. De su uso apropiado depende, en gran parte, la posibilidad de ser más positivos al gestionar la vida.

Un estudio realizado por investigadores de Estados Unidos, España y Francia reportó la evidencia de que los cambios moleculares específicos en el cuerpo enfocados en la atención plena (conocida también como "Mindfulness") contribuyen en gran medida a un resultado superador. El estudio fue publicado en el Periódico Psychoneuroendocrinology (Psico Neuro Endocrinología).

En concreto, este estudio investigó los efectos tras un día de práctica intensiva de meditación y pensamiento positivo, enfoque consciente y otras técnicas. Hubo dos grupos: uno de personas que meditaban habitualmente, y otro de no entrenados, que fueron invitados a hacer actividades tranquilas, no específicamente meditativas.

Tras ocho horas de ejercitación, el primer grupo mostró diferencias genéticas y moleculares en su organismo, que incluyeron algunos niveles alterados de la maquinaria de regulación génica, la reducción de los genes que promueven las inflamaciones, y la habilidad para recuperarse físicamente más rápido ante situaciones estresantes.

"Según nuestro conocimiento, este es el primer trabajo que muestra alteraciones rápidas en la expresión genética de sujetos asociados a la práctica de la meditación mindfulness", dice el autor del estudio Richard J. Davidson, fundador del Centro para la Investigación de Mentes Saludables y profesor de psicología y psiquiatría en el William James and Vilas, de la Universidad de Wisconsin-Madison, Estados Unidos.

"Lo más interesante es que los cambios se observaron en los genes que son los objetivos actuales de los fármacos antinflamatorios y analgésicos", dice Perla Kaliman, el primer autor del artículo e investigador en el Instituto de Investigación Biomédica de Barcelona, España (IIBB-CSIC -IDIBAPS), donde se llevaron a cabo los análisis moleculares.

¿Por qué se producen estos resultados?

Los científicos afirmaron que la actividad genética puede cambiar según la percepción de cada ser humano. Esto se basa directamente en su habilidad de inteligencia emocional, actitud de vida y cadenas de pensamientos recurrentes que trae cada persona, incluso en forma inconsciente.

El Doctor Bruce Lipton, que participó del estudio, explicó que "la actividad genética puede cambiar a diario. Si la percepción en tu mente es reflejada por la química de tu cuerpo, y si tu sistema nervioso lee e interpreta el medio ambiente y luego controla la química de la sangre, entonces puedes literalmente cambiar el destino de las células mediante la alteración de tus pensamientos."

¿Qué significa? Que, al cambiar tu percepción, tu mente puede alterar la actividad de tus genes y crear más de treinta mil variaciones de productos por cada gen. Él da más detalles al decir que los programas genéticos están contenidos dentro del núcleo de la célula, y se puede volver a escribir esos programas genéticos al cambiar la química de tu sangre.

¿Y esto para qué sirve? Significa que tenemos la habilidad de cambiar los resultados de nuestra vida, si cambiamos la forma de pensar. *"La función de la mente es crear coherencia entre nuestras creencias y la realidad que experimentamos"*, dijo Lipton. *"Lo que esto significa es que tu mente ajustará la biología y el comportamiento de tu cuerpo para que encajen con tus creencias. Si te han dicho que te vas a morir en seis meses, y tu mente se lo cree, es muy probable que vayas a morir en seis meses. A eso se le llama el efecto nocebo, el resultado de un pensamiento negativo, que es lo contrario del efecto placebo, donde la sanidad está mediada por un pensamiento positivo".*

Para entender mejor ese ejemplo: se trata de un sistema de tres partes. Existe una parte de ti que jura que no quiere morir (tu mente consciente); la que, al estar condicionada por la parte de ti que sí cree en lo que te diagnostica el médico (su pronóstico con la mente subconsciente de por medio); y se pone en marcha una reacción química del cerebro, para asegurarse que tu cuerpo se adapte a tu creencia dominante.

¿Qué es tu creencia dominante? Es aquella a la que le has entregado todo el poder. Esto puede ser reciente, o viene desde tu infancia. El resultado es el mismo: en lo que crees es en lo que te conviertes.

> Para la neurociencia, el subconsciente controla el 95 por ciento de la vida.

Cuando le preguntaron al Doctor Lipton qué pasa con la parte que no quiere morir (la mente consciente), y si ésta puede afectar la química del cuerpo, respondió: *"todo se reduce a como ha sido programada tu mente subconsciente. Es en este lugar donde están todas tus creencias más profundas. Y son éstas las que en última instancia darán el voto decisivo de esta elección entre vivir o morir."*

Las cadenas de creencias limitantes

Aquí van algunas ideas breves para comprender como funciona el sistema de creencias en cualquier persona:

- » Todos los seres humanos vivimos situaciones sobre las que no tenemos ningún control.
- » Estamos programados desde antes de nacer con las creencias de nuestros progenitores.
- » Por ejemplo, cuando nos enfermamos siempre nos dijeron que tenemos que ir al médico (esto significa que "hay que creerle al médico").
- » Muchas personas a las que no les gusta ir al médico, mejoraban justo antes de ir a la cita.
- » Esto significa que tenemos también la posibilidad de tener respuestas positivas para influenciar sabiamente en el resultado de nuestra vida.

El cortisol, hormona que genera el estrés, se segrega mucho más frecuente en personas con creencias limitantes, hasta invadir prácticamente toda su vida. Desde niveles sutiles hasta grandes manifestaciones de estrés que incluso generan enfermedades graves, el cortisol regula la actividad cerebral, y determina de qué forma las personas reaccionarán "como manotazos de ahogados" para salir de esa situación, si así lo quieren. Muchas personas se acostumbran a vivir en un estado permanente de negatividad, zozobra y ansiedad; con el tiempo, esto se transforma en un trastorno vital del que es muy difícil salir.

Del otro lado tenemos las endorfinas, hormonas que generan sensaciones de bienestar, felicidad y placer. Están siempre presentes y dispuestas para rescatar de cualquier situación acuciante. La ciencia ha determinado que el trabajo continuado de auto conocimiento, profundización en la resolución de conflictos vitales, estimulación de experiencias de felicidad y armonía, y cualquier práctica que ayude a alcanzar ese estado, son herramientas apropiadas para lograr un mayor equilibrio vital en todos los aspectos; inclusive recuperándose de enfermedades con muy mal pronóstico médico.

"Nuestros genes son muy dinámicos en su expresión y estos resultados sugieren que la tranquilidad de nuestra mente puede realmente ejercer una influencia potencial en su expresión", dice el científico Davidson.

Clave: trabaja sobre tus creencias subconscientes

No se trata de dejar de sentir y de estar ausente de los problemas del mundo y de la vida: mejor aún, se trata de estar totalmente consciente de lo que puedo hacer a mi favor, para tener una mejor calidad de vida, mayor felicidad y bienestar en todos los aspectos, con una consciencia práctica en cada momento de desafío que se presente. Esto te permitirá salir más rápida y efectivamente.

El Doctor Lipton explica que *"El principal problema es que las personas están conscientes de sus creencias y comportamientos conscientes, pero no de las creencias y los comportamientos subconscientes. La mayoría de la gente ni siquiera reconoce que su mente subconsciente entra en el juego, cuando lo cierto es que la mente subconsciente es un millón de veces más potente que la mente consciente y que operamos del 95 a 99 por ciento de nuestras vidas desde programas subconscientes."*

"Tus creencias subconscientes están trabajando ya sea para ti o en tu contra, pero la verdad es que tú no estás controlando tu vida, porque tu mente subconsciente sustituye cualquier control consciente Así que cuando estás tratando de recuperarte desde un nivel consciente - citando afirmaciones y diciéndote a ti mismo que eres saludable - puede haber un programa subconsciente invisible que te está saboteando ".

Aquí encontrarás ideas para que te ejercites en este punto. Como siempre, es tu elección: sólo si lo haces, tendrás el beneficio. Si no quieres cambiar, continúa como hasta ahora.

- » Trabaja conscientemente tus pensamientos.
- » Por cada pensamiento negativo se necesitan entre 27 y 33 pensamientos positivos para, al menos, neutralizarlo.
- » Desarrolla una rutina positiva.
- » Evita los ambientes con bullicio.
- » Esquiva a personas que son permanentemente negativas y conflictivas.
- » Toma cursos y seminarios de distinto tipo.
- » Incorpora algo de ejercicio físico.
- » Desconecta tus dispositivos tecnológicos cuando no los necesites imperiosamente.
- » Descubre tu don y habilidades (por ejemplo, un hobby que te saque de tus preocupaciones cotidianas)
- » Nútrete de lecturas, películas y conversaciones positivas y estimulantes.
- » Lo que resistes, persiste: busca experimentar el fluir con las situaciones. Evita reaccionar cuando estás en situaciones de emoción extrema.
- » Descubre los pequeños hechos cotidianos que te hacen bien: una mirada, un saludo, un abrazo, una sonrisa.
- » Elimina mirar noticiosos, especialmente antes de dormir.
- » Agradece al levantarte, durante el día y antes de conciliar el sueño.
- » Escucha a tu cuerpo: siempre da buenos consejos y señales.
- » Utiliza la técnica de las afirmaciones positivas: te sorprenderás que la mayoría del tiempo lo has hecho, pero en negativo.

» Crea momentos de paz y quietud incluso en tu trabajo.
» Comparte tu experiencia a medida que logres avances.
» Fija tu mirada en aspectos positivos de la vida. Lejos de dejar de ver todo lo desafiante que siempre existe, podrás filtrar mejor qué es lo más conveniente para ti.

Las personas, sociedades y entornos que no son flexibles a los cambios naturales universales, e incluso le presentan resistencia, son más pasibles de sufrir las consecuencias.

POR QUÉ LAS COSAS NEGATIVAS SE REPITEN UNA Y OTRA VEZ

Tanto en la vida personal, como profesional, y como sociedad (por ejemplo, en una ciudad, o país entero), hay situaciones negativas que se repiten una y otra vez.

Una mirada rápida podrá sentenciar que no hay explicación aparente. Sin embargo, yendo más profundo, y buceando en la verdad que yace en el origen, las manifestaciones recurrentes de situaciones que van en contra de la transformación y espíritu de evolución, encuentran su razón en un anclaje del pasado.

¿Por qué? Porque en el origen, cuando se produjo el primer hecho de esa naturaleza, o parecido, no se elaboró convenientemente el aprendizaje oculto.

Llamado karma, predestinación, o, simplemente, casualidad, las cosas se las apañan para repetirse incansablemente, con distinto tenor y fuerza destructiva, hasta que, por cansancio tras un proceso doloroso, invita a las personas a considerar otros puntos de vista, y finalmente, evolucionar.

Esto puede llevar pocos días o siglos, ya que aquí lo importante no es la medida del tiempo, sino el profundo aprendizaje que está oculto bajo la superficie.

Cuando como sociedad hay hechos desgraciados que se repiten, hay procesos que no terminaron de internalizarse. Es posible que se los haya querido ocultar, relativizar, dejar pasar, asimilar como una fatalidad o desgracias de la vida. Es decir, se los naturalizó de tal forma que -al igual que en la vida cuando perdemos un ser querido- no se hizo el duelo como corresponde.

¿Por qué una sociedad entera no querría hacer las cosas bien en cuanto al aprendizaje de lo doloroso? Porque le escapamos al dolor. Esta conducta es innata a todos los seres humanos; huimos y preferimos enfocarnos en una mirada menos conmovedora de los hechos. Por supuesto, las personas directamente afectadas viven su calvario cotidiano desde el primer minuto. A partir de lo dicho, es así como encuentra sentido (sin que esto signifique adherir a dicha resultante) la lentitud de la justicia, el ocultamiento de pruebas, la falta de condena de los responsables y el doloroso derrotero de aquellos que buscan respuestas.

Las organizaciones, desde una familia con su pequeño núcleo, hasta un país entero, quiere evadir el dolor y la tristeza.

Por eso que se precariza la situación de vivirlo intensamente, sufrirlo y ponerle límites de raíz. Llama la atención que, cuando alguien se expide en contra de algo que podría resultar una catástrofe con el simple y noble fin de prevenir sus posibles consecuencias, se alzan miles de voces en contra. ¿Son masoquistas las personas que quieren forzar las cosas, incluso hasta la tragedia? No necesariamente. Lo que sí son relativistas en cuanto al peor resultado que puede conquistarse.

Tanto en lo personal como social en su conjunto, cada vez que se transgrede una norma o de la suaviza o edulcora en pos del entretenimiento, del bien común o del aparente resultado positivo que traerá, y no se considera el impacto negativo que podrá tener, se retrocede en la historia de evolución. Este empecinamiento y tozudez humana e institucional lleva a que las situaciones se repitan. Ya sea que las cosas salgan bien y no haya consecuencias que lamentar -es aquí cuando se produce un efecto sedante amparado por el lamentable "no pasa nada"- como cuando ocurren las tragedias –"nadie preveía una cosa así"-, lo único que se logra es desdibujar la figura más fuerte y representativa de estos casos: la responsabilidad.

La responsabilidad es la habilidad para responder. Responder ante la previsión y ante la imprevisión. Responder de los adultos frente a sus hijos cuando les permiten hacer un viaje o una actividad de potencial peligro; y luego se quejan y lamentan las consecuencias. Responder hasta con la propia vida, testificada en los muertos de los desastres que se pueden evitar.

Entonces, la conducta repetitiva de no procesar lo negativo

y trágico de la vida convenientemente, se devuelve igual, aunque magnificado: cada vez será peor. Accidentes de trenes, desastres por falta de controles oficiales, falta de consciencia de organizadores de eventos donde mueren muchísimas personas; y hasta situaciones de la vida personal, donde no asumimos la responsabilidad que nos toca, a fondo y aunque duela, volverán una y otra vez. ¿Hasta cuándo? Hasta haber aprendido la lección.

Los seres humanos aprendemos del ensayo y error, y corrigiendo sobre los pasos. Así nacemos y forjamos nuestra personalidad hasta la primera infancia. Luego, desarrollamos las habilidades sociales para convivir dentro de un mundo social. En Oriente le llaman "ley del Karma", aunque no hay que mirar tan distante para darnos cuenta que toda acción tiene una reacción. La reacción puede ser un resultado positivo y enriquecedor; o todo lo contrario: traernos la peor experiencia.

"La vida es tan buena maestra, que si no aprendiste una lección te la repite", es una frase conocida dentro del mundo del coaching y del desarrollo de la estima personal.

Simplificar las cosas diciendo que fue el destino, Dios, la vida, o cosas así, no contribuye a solucionar el problema de raíz. El verdadero significado es más profundo, ya que está en esa parte interna que muchos no quieren ver: la responsabilidad personal frente a la integridad y lo sagrado de la vida humana.

Aunque hay muchos casos en que un tercero resulta ser responsable de las tragedias no medidas, como en el caso de un chofer de un ómnibus que se duerme y provoca un terrible accidente, en otra inmensa mayoría no se miden los riesgos de antemano, y sobre todo, no se respetan los límites.

Así, el ser humano se va entrenando en una "compulsión de la repetición", a través de la que le parece natural provocar, permitir y convocar nuevamente las mismas situaciones a través de ese impulso inconsciente. Pueden ser hechos dolorosos, y también pensamientos recurrentes que lo desgarran. Son dos caras de la misma moneda.

Por caso, los animales aprenden de una misma experiencia y no la repiten. Los seres humanos no. Una mascota maltratada recordará a quien le infligió ese castigo. Un elefante guardará toda su vida el rostro de un agresor, y lo atacará así hayan pasado cincuenta años. Esto se llama instinto de supervivencia.

Las personas suelen caer en la trampa una y otra vez, porque el ego se encarga de engatusarlos y de que tropiecen con la misma piedra. Tampoco toman demasiado en cuenta la experiencia del entorno, partiendo del pensamiento mágico de "a mí no me va a pasar", por más que estén todas las evidencias a la vista. Es por eso que, por ejemplo, se sabe que no hay que conducir bajo los efectos del alcohol, y sin embargo todos los días se provocan accidentes fatales por esa causa, por sólo mencionar un ejemplo.

La ausencia de límites en la primera infancia; la falta de diálogo en la adolescencia, y la restricción de la consciencia y responsabilidad personal ya de adultos, son tres momentos donde se pueden identificar tendencias a la repetición de la compulsión de la repetición de los hechos desfavorables. Como vimos, de tan desagradables que resultan, automáticamente se los pasa al archivo de lo que no quiero recordar. Y así lo hace el ser humano, hasta que el tiempo vuelve a presentar la misma experiencia.

No es necesario que sea la misma persona la que autoconvoca la tragedia: puede ser alguien cercano, del entorno, de la misma ciudad. Y reitero: esto no invalida la responsabilidad de quienes organizan, convocan y llevan adelante propuestas sin el debido control y rigor con que debe hacerse. Esto incluye a los protagonistas del caso; por lo general, huyen, se esconden, patean la pelota afuera y no se hacen cargo.

La pregunta concluyente es: ¿por qué habríamos de seguir caminando en un campo minado, en medio de una guerra que ya se ha vivido? ¿Qué es lo que hace que el ser humano repita hechos que pueden terminar en tragedia? ¿De qué forma se puede estar más atento para no caer en la trampa?

Aquí, algunas ideas:

» No reprimir el dolor.
» Resignificar lo doloroso y transformarlo en aprendizaje
» Conversar a su tiempo sobre lo que necesita evolucionar dentro nuestro.
» Reconocer que soy parte del problema, y que no tengo por qué hacerlo recurrente.
» Dejar la rebeldía y el "no va a pasar nada" para otra situación: si hay peligro latente o manifiesto, es sano autocuidarse y permitir que otros lo hagan conmigo.
» Aceptar la realidad y la contundencia de experiencias del

pasado, para no invitar a que vuelva a presentarse la tragedia y el dolor en mi vida. De todas formas, habrá experiencias desafiantes. Lo que no hace falta es convocarlas una y otra vez.

- Estar atento a las señales: por lo general, hay indicios que develan el posible final trágico.
- Establecer mecanismos detonadores internos. ¿Qué es "eso" que me lleva a hacer aquello que quizás provoque un resultado negativo y doloroso?
- Buscar ayuda terapéutica ante la recurrencia, para elaborar los traumas y problemas del pasado, para conquistar mayor claridad y libertad de vida.
- Saber que somos seres humanos. Y esto incluye el proceso de aprendizaje, incluso a partir del dolor.

El conjunto de episodios del pasado podrá tomar otro cariz y convertirse al fin en una experiencia positiva de aprendizaje que partió de algo duro y oscuro. Todo parte de asumir la responsabilidad que le toca a cada uno. Así, nuestra paz interior, salud física y mental, comunicación interpersonal y nuestro sentido de la vida, dependerá de cómo gestionemos nuestras emociones.

5 PASOS PARA GESTIONAR LAS EMOCIONES

Para muchas personas ejercer un equilibrio emocional representa un desafío, por cuanto suelen moverse en torno a polaridades (me siento bien/me siento mal), sin matices y sin demasiada elaboración interna para atravesar esos límites autoimpuestos.

Como todo proceso interior, las emociones se gestionan desde uno, independientemente del entorno en el que te desenvuelvas. Claro que hay situaciones que nos afectan. Sin embargo, es valioso focalizarse en el valor de la actitud como un catalizador para visualizar rápidamente desde qué lugar estás operando en ese instante preciso.

Los 5 pasos

Esta secuencia está diseñada para que puedas gestionar mejor las emociones:

Reconocer la emoción dominante

Es importante identificar y tener en claro cuál es la emoción que predomina en el instante en que te sientes poco confortable ante una situación. El reconocerla es estratégico para saber desde qué lugar podrás gestionarla convenientemente. Observa tus reacciones, eso que "ves venir" internamente mientras vives la situación, su repercusión física -como molestia, bloqueo, dolor, angustia en algún lugar determinado del cuerpo-, incluso la tensión o temperatura corporal que sientes te ayudarán a focalizar en este punto.

Identificar la Reacción inconsciente

Por lo general, a cada emoción dominante le sucede una reacción inconsciente; ese espacio que no logras dominar y que tiende a salir instintivamente. Las reacciones por lo general son comportamientos aprendidos en base a experiencias del pasado que irrumpen cuando surge algo en particular. Es un modus operandi interno que -con matices- tiende a ser repetitivo. Pregúntate internamente: ¿de qué forma estoy reaccionando? ¿De dónde proviene esta reacción? ¿Cómo puedo dividir rápidamente el hecho que está moviendo mis emociones, para detectar mi parte de implicación en el asunto?

Analizar el curso a seguir

Con la información interna anterior puedes hacer un escaneo rápido de opciones para elegir el curso a elegir. En plena emocionalidad que irrumpe es posible que se elijan caminos poco apropiados, como serían responder con agresividad, ira, dejarte llevar por impulsos que no ayudarán a tranquilizarte, ni traerán claridad en la situación del momento. Sé inteligente, y verifica internamente: A) Cuál es tu objetivo para el bien mayor de todos los involucrados, que quisieras lograr una vez concluido este proceso desafiante. B) De qué forma puedes hacer tu parte. C) Qué puedes hacer en concreto ahora mismo (por ejemplo, serenarte, respirar, dividir el problema en partes y aclararlo hasta tener toda la información, reconducir los impulsos dañinos hacia algo más positivo).

Acción reparadora/Resignificación.
Este paso te permitirá accionar en el momento en el sentido de las decisiones y elecciones conscientes que has hecho en el paso anterior. Necesitas tomar noción de tu implicación en el proceso y de qué forma evitarás echar combustible al fuego. Con esta estrategia, podrás plantearte cómo encauzar de mejor manera alguna solución o forma de resignificar -dar nuevo significado- a lo que estás gestionando emocionalmente. Primero lo harías internamente y luego, puedes buscar consenso con la otra parte si fuese el caso (aunque también funciona también cuando estás en guerra contigo). Esto implica que te colocarás en un nuevo escalón de consciencia, más elevado, para observar, accionar y concretar vías de solución, sin que esto significa transigir sobre aspectos que consideras que no deben ser vulnerados en ti, sobre todo tu integridad. Un ejemplo práctico: cuando te animas a decir "no" porque lo sientes, ya estás ejerciendo este paso.

Practicar el circuito de gestión de las emociones
Incorporar un nuevo esquema de procesamiento de las emociones lleva tiempo y dedicación consciente. Necesitarás dedicarte atención y ponerlo en práctica todo el tiempo para empezar a observar sus beneficios. De esta forma, al final, empezarás a vivir una vida centrada en tu felicidad y en tu libertad, porque

habrás aprendido a reconducir ese tipo de emociones que, antes, te hubiesen dañado de alguna forma.

Dentro de las emociones que gestionamos cotidianamente, un rasgo de la personalidad humana totalmente natural y razonable es el mal humor; siempre que sea por períodos determinados y que no afecte el normal desenvolvimiento y nuestro entorno.

Por lo general, además de rasgos basados en las experiencias de vida, las decepciones, problemas, situaciones tortuosas y frustraciones cotidianas, sus causas están muchas veces relacionadas con la ansiedad, la depresión encubierta, el estrés sostenido en el tiempo y el miedo. El cansancio, el hambre, la sensación de soledad y desamparo son, también, desencadenantes de esta variación del estado de ánimo.

Un mal día lo tenemos todos; el problema aparece cuando se sostiene en meses, años, y toda una vida atravesada por la pesadumbre, la queja y la victimización, que son primas hermanas del mal humor manifiesto.

10 PASOS PARA CONTROLAR EL MAL HUMOR

Muchas personas han desarrollado un mecanismo de defensa autodestructivo hacia ellos y, sobre todo, con un impacto negativo hacia los demás. Desde que se levantan hasta que van a dormir están ofuscados con todo y todos, por cualquier motivo. Esta manifestación de su energía vital produce un efecto contraproducente desde toda perspectiva, ya que:

- » Afecta la salud
- » Deteriora los vínculos
- » No aporta soluciones
- » Desencadena situaciones de ira y descontrol
- » Frustra y deprime a la persona mal humorada, y a los que lo rodean en cualquier ámbito.
- » Corroe la autoestima y la valoración personal.

Cómo cambiar

Si eres una persona malhumorada por naturaleza, estas sugerencias pueden ayudarte:

- » Participa de actividades que te contacten con experiencias gratas. Aunque al principio te veas un poco forzado, consume comedias; apúntate en clases de yoga de la risa -excelente disciplina- o risoterapia; escucha chistes graciosos mientras vas al trabajo.
- » Haz ejercicio diariamente. Está probado que desconectar de la constante fantasmática de rumiar internamente en negativo ayuda a superar el mal humor.
- » Descubre tus fortalezas y expándelas. ¿Hay algo que tienes pendiente por hacer desde pequeño? ¿De algo te arrepientes? Jamás es tarde para empezar. Hazlo paso a paso, para saborearlo y no descartarlo al primer escollo que se presente.

- Establece un código con las personas íntimas. Se trata de que ellos te adviertan cuando estás pasando determinado límite en tu conducta malhumorada. Por ejemplo, un gesto establecido te hará saber conscientemente que estás pasando la raya.
- Aprende a sonreír, aunque no te den ganas. Debes hacer el esfuerzo, aunque suene artificial. Verás cómo te ayuda si lo sostienes en el tiempo.
- Incorpora permanentemente frases de tono positivo como “Muchas gracias”, “Perdón por mi mal humor” y “No debí haber usado ese tono contigo”. Esto permitirá que resignifiques -le des la vuelta- a tu comportamiento que ya es costumbre, y puedas establecer un punto de inflexión hacia lo nuevo.
- Reconoce a las personas alegres. Felicítalos, pídeles consejos, comparte tu problema y ábrete a escuchar. Seguro encontrarás algo de valor para implementar de a poco.
- No le eches la culpa a tus ancestros. “Mi abuelo era…”, “Cascarrabias como papá…”, o cosas por el estilo lo único que hace es que te auto justifiques. De lo que se trata es que asumas tu total responsabilidad por quien eres, y todos tus comportamientos.
- Ve a un profesional de salud mental si sientes que no puedes controlar o corregir tu mal humor. No lo confundas con la ira o bronca, que es natural que la sientas en algunos momentos.
- Haz un ejercicio en privado. Consiste en preguntarte y

responderte varias veces, en un patrón de continuidad hasta llegar al fondo de la cuestión: "¿Qué es lo que me produce mal humor ahora?", y empieza a "pelar esta cebolla" emocional hasta llegar al fondo. Anota la primera y última respuesta de cada vez que lo hagas: será muy revelador.

Observarás que, conociéndote más profundamente, estarás más cerca de dejar de manifestar mal humor todo el día. Te sentirás que rejuveneces; aprenderás a disfrutar de la vida, de los afectos, y aún de tu soledad, si eso es lo que eliges. Es vital sonreír más; llamativamente, la ciencia ha estudiado que los niños ríen, en promedio, entre 300 y 450 veces al día y los adultos, apenas 17. ¿Por qué crees que sucede?

LOS NIÑOS RÍEN MÁS DE 300 VECES AL DÍA Y LOS ADULTOS 17

La risa desencadena procesos fisiológicos muy beneficiosos para el organismo humano, provocando una sensación de bienestar físico, mental y psicológico. Fue Sigmund Freud quien atribuyó a las carcajadas la asociación con la posibilidad de eliminar la energía negativa.

Esto sucede porque cuando reímos el cerebro recibe cierta información que segrega endorfinas, una hormona que puede aliviar el dolor, combatir virus y bacterias. Además, ayudan a recobrar el entusiasmo, la motivación y superar cuadros de tristeza, melancolía prolongada y depresión.

¿Entonces por qué los adultos reímos tan poco? Haciendo un repaso rápido:

» Por cuestiones culturales,
» Por condicionamientos sociales,
» Por las preocupaciones cotidianas,
» Por haber perdido la capacidad de asombro,
» Por la imposibilidad de disfrutar de momentos sencillos,
» Por querer tener una vida llena de cosas, y escasa en experiencias de valor real.
» Por haber perdido en algún punto la conexión con la energía vital.

La mayoría de las personas adultas declara no sentirse del todo conforme con la vida que llevan, y que, en cambio, asumen muchas actividades y se ven casi obligados a actuar de formas que son contrarias a su deseo primario.

Cuando vas a contramano de tu verdadero deseo lo que se produce es una insatisfacción de base que, aunque puedas disimularla hacia afuera, se siente cruenta por dentro.

Reírse mueve muchos músculos

Cuando ríes contraes más de 12 músculos del rostro, del pecho, abdomen y el diafragma.

Con una buena carcajada se ponen en movimiento cerca de 400 músculos incluidos algunos del estómago -de allí que a veces habrás dicho "me he reído tanto que me duele el estómago"-.

El cuerpo humano es una máquina maravillosa, que ha sido perfectamente diseñada para cumplir sus distintas funciones. Como una pequeña muestra, conoce los principales músculos implicados en la risa y saca tus conclusiones:

» Cigomático mayor: en la mejilla, pequeño, un rectángulo. Lo mueve el nervio facial. Es el que eleva y abduce la comisura labial.

» Cigomático menor: en la mejilla, como una cinta. Está por abajo en la piel del labio superior. Lo mueve el nervio facial. Eleva y abduce la parte media de dicho labio.

» Elevador del labio superior: tiene una forma plana alargada; se combina con otros para moverse a través de las ramas cigomáticas del nervio facial, y eleva el labio superior.

» Elevador del ángulo de la boca: está en la cara y se sitúa donde se extiende la comisura de los labios. Eleva el labio superior, con nervios, vasos y con la piel. Su cara profunda cubre parte del maxilar superior; y es el nervio facial el que lo mueve. Se encarga de levantar y dirigir hacia dentro la comisura de los labios.

» Orbicular de los ojos: es el músculo que se encuentra debajo de la piel, delante de la órbita ocupar, compuesto por tres partes -entre ellas, el lagrimal-. Lo mueven ramas temporales y cigomáticas del nervio facial. Se activa cuando sonríes y transmite la sensación de una sonrisa genuina, de verdad. Cuando ríes por compromiso, casi no entra en acción, por eso se nota que es fingida o forzada. Su función es cerrar el ojo, o achinarlos -lo que caracteriza una sonrisa auténtica de la que no lo es-; es el único músculo capaz de hacerlo.

» Risorio: se encuentra en el lado de la cara, tiene forma de triángulo. Se encarga de retraer la comisura labial. Cuando dos músculos equivalentes se contraen juntos aumenta el diámetro transversal de tu boca, lo que genera la imagen de la sonrisa.
» Depresor del labio inferior: también en la cara, barba o mentón, va desde el maxilar inferior al labio inferior. Sirve para doblar hacia fuera el labio inferior, y a la vez, lo dirige hacia abajo y afuera (por eso tiene ese nombre).
» Bucinador: está en la mejilla. Da forma al rostro, agranda la hendidura bucal y ejerce presión en la cavidad oral. Tira hacia atrás la comisura, aumentando el diámetro transversal de la boca. Interviene cuando silbas, soplas, succionas, tocas instrumentos de viento, o cuando acomodas alimentos en los dientes posteriores.

Cómo ejercitar la risa en la vida cotidiana

Si deseas tener mayor bienestar y plenitud, necesitas incorporar más risa en tu vida; no sólo que es una llave social que te abrirá muchas puertas, sino que ganarás en salud, energía, entusiasmo y auto motivación por el simple hecho de hacerlo con ganas. Aquí, una ayuda para ejercitarte.

Despierta cada día sonriendo y agradeciendo: aunque no tengas motivo aparente, hazlo. Pruébalo 33 días seguidos y percibe tus avances.

Incorpora palabras gentiles: "por favor", "gracias", "valoro mucho lo que has hecho", "perdón por mi error", acompañado por una sonrisa franca, te servirá para reconciliarte contigo y con los demás.

Comparte tiempo con personas alegres: ya sabes que hay personas bajón, y otras que están estimuladas permanentemente, más allá de que problemas tenemos todos.

Rodéate de entornos que estimulen la risa: puedes cambiar la frecuencia de una conversación, simplemente, con expresar una sonrisa genuina como un primer paso. Ablanda hasta al más duro.

Consume libros, películas y series divertidas: provoca la sonrisa o las carcajadas a través de estímulos externos.

Juega con un niño: conviértete en uno de ellos por un rato cada día y observa cómo va cambiando tu energía.

Utiliza llamadores de sonrisa: por ejemplo, ten en un móvil la risa de un bebe o escúchala cada vez que quieras empezar a reírte sin motivo aparente.

La risa es contagiosa: al igual que los bostezos y el pesimismo. Tu eliges dónde quieres pararte.

Descubre el aspecto divertido de la vida: quizás te hayas tomado la vida con toda la seriedad que merece; esto no implica que dejes de lado tu habilidad para disfrutar, jugar, distraerte y divertirte. Comparte con personas amables y de risa fácil; permítete soltarte y disfrutar todo lo posible.

Pide que te hagan cosquillas: encuentra ese ser especial con quien te puedes permitir reír un buen rato.

Practica yoga de la risa: hay un movimiento internacional que incorpora técnicas de yoga con la risoterapia -otra disciplina fantástica-. Más allá de querer convertirte en cómico, puedes encontrar la parte risueña de la vida.

Si has vivido muy serio y formal, y has dejado la risa de lado por muchos años, puedes considerar en reencontrarte con esta energía vital que te cargará las pilas. La práctica te convertirá en un maestro para disfrutar mejor de los años de vida que te queden. Aprovéchalos al máximo.

BUSCA SER EXCELENTE: LA PERFECCIÓN NO EXISTE

En el lenguaje diario es posible que utilices la palabra "perfecto" o "perfección" en muchos contextos. Sin embargo, ese puede ser un gran imán de negatividad para tu vida, ya que la perfección no existe en este plano físico.

La publicidad, el mercadeo y tantas otras disciplinas, se esfuerzan en hacernos creer que es posible ser perfectos. Y lo que esto produce, desde la raíz, es una profunda insatisfacción y frustración, ya que no es posible alcanzarla aquí.

El rasgo más evidente es el querer ser perfeccionista en cualquier aspecto, lo que presupone un nivel muy alto de desgaste personal, ya que por lo general siempre hay algunas cosas que salen de control. Una postura excesiva respecto a cómo debe ser todo a tu manera, sin posibilidad de fallar, es irreal y te lleva a lo único posible: enfermarte. Desde una visión más espiritual -no necesariamente religiosa- si bien hay un aspecto que sí es perfecto en sí mismo, tu Alma, todo lo demás en el hacer en el mundo, la convivencia y la experiencia social, no lo es.

Sin embargo, a lo que sí puedes acceder es a la **excelencia**.

Distinciones importantes

En Internet, para Wikipedia, encontramos que "el perfeccionismo es la creencia de que la perfección puede ser alcanzada. En su forma patológica, es la creencia de que cualquier cosa por debajo de un ideal de perfecciones en inaceptable." Esto significa que te embarcas en una búsqueda sin final, utópica e inalcanzable.

Los perfeccionistas no aceptan los errores; o bien, cuando lo hacen, les sale su peor parte.

La falsa creencia de que tú eres perfecto se contrastará con la realidad: no lo eres, ni lo serás. Acéptalo y empieza por allí para flexibilizar tus paradigmas de perfección. Eres un ser humano; y los humanos somos falibles.

Para tener más consciencia acerca de lo posible en este mundo terrenal, puedes buscar y esforzarte en alcanzar la excelencia: "es un talento o cualidad de lo que es extraordinariamente bueno y también de lo que excede las normas ordinarias. Es también un objetivo para el estándar de rendimiento."

Esta definición es más razonable, y, de hecho, la siguen millones de personas que se destacan por sobre la media y tienen desempeños extraordinarios en distintos campos de la vida.

> Somos humanos, y como tales,
> todos somos imperfectos.
> Por lo que buscar la perfección es una utopía.

Precios automáticos que pagas por ser perfeccionista

» Vivir insatisfecho con toda tu vida.
» Ser infeliz.
» Sentirte decepcionado por ti y por los demás.
» Creer que eres un ser de otro mundo, que no encajas aquí porque eres perfecto.
» Te alejas de las personas porque no son como tú.
» Te exasperas más a menudo porque no consigues la perfección que buscas.
» Le encuentras el pelo al huevo en todas las cosas.
» Vives basado en buscar el error para agarrarte de eso y hacer una vida de pesadilla.
» Te estresas innecesariamente por estar tan atento a no fallar.
» No aceptas equivocarte, y mucho menos, que los demás fallen.

Pasos para cambiar

Primero: Acéptate falible. Empieza a ver tus fallos como algo natural; corrige cada cosa, y llévala hacia tu mayor nivel de calidad y excelencia.

Segundo: Acepta a todos los demás como falibles. Esto puede ser el mayor desafío, ya que es más sencillo ver los errores en los otros. Colócate en el lugar de motivar e inspirar a dar lo mejor de sí, tanto tu como los demás que te rodean.

Tercero: Establece marcos de excelencia para cada tarea que vas a realizar. Teniendo esto en claro, es posible superarte día a día, sin estar apegado a que todo salga perfecto.

Cuarto: Disfruta de la excelencia. Un trabajo muy bien hecho, tiene rasgos excepcionales de calidad. Aprecia los detalles por sobre la conducta que has mantenido de ver lo que no salió según tus expectativas.

Quinto: Modera tus expectativas. Ni tú ni nadie podrán hacer las cosas a la perfección. Entonces, sé razonable y ecuánime respecto a lo que se puede esperar de cada situación.

Sexto: Establece un patrón de excelencia, con un plan A, B y C sobre el que te podrás deslizar cuando debas ajustar la ejecución de las cosas, con igual cualidad distintiva de alta performance.

Séptimo: Baja tu autocrítica. Al haber vivido hasta ahora pensando en términos de perfección, es posible que necesites cambiar tus patrones mentales. Hazlo paso a paso. Una frase como "Estoy haciendo mi parte con excelencia y total compromiso para el mejor resultado final" puede ayudarte a moderar esta auto exigencia desmedida.

Octavo: No seas déspota. Los perfeccionistas son tiranos consigo y con los demás. Baja del pedestal, colócate a la par de los demás, y haz tu mejor desempeño, siempre. Sin excusas.

Mientras tanto, en la vereda de enfrente, se encuentran aquellas personas atosigadas en una vida que parece salida de una película de terror de mala calidad, viven enroscados en su propio micro mundo, sin otra visión externa que la que le dan las redes sociales y la televisión. Aquellas que se quejan acerca de la realidad del mundo y de la falta de oportunidades para ellas.

Al no darse la posibilidad de abrirse a mirar internamente, con todo lo que eso conlleva, se pasan la vida despotricando hacia todos, incluso hostigando y siendo sumamente pusilánimes con los demás. De lo que no se dan cuenta, es que su vida genera exactamente eso.

NO TE QUEJES SI NO TOMAS LAS OPORTUNIDADES

Estos 5 signos te marcarán la pauta de que estás esquivando tu responsabilidad personal, por lo cual las oportunidades pasan a tu lado y no las registras:

1. Te sientes cansado permanentemente. Todo te abruma y te aplasta. Es como si vivieses torturado permanentemente, por más cotidianas y sencillas que sean las tareas que debas hacer.

2. Pasas demasiado tiempo poniendo comentarios en las redes sociales. Como no tienes una vida propia, aparentas crearte una comentando irónicamente en las redes. Detrás de esa búsqueda de visibilidad se esconde tu imposibilidad de hacerte cargo de tu vida y hacer algo constructivo.

3. Acusas sin piedad a los que tienen éxito. Sin importar sus historias personales, el esfuerzo que implicó o todo lo que el otro tuvo que sortear, te eriges en el rey de la opinión, el sabelotodo de la ciencia humana sobre cómo hay que hacer las cosas.

4. Te declaras víctima del sistema. Esta es la preferida de los que hacen que juegan y participan, aunque, en verdad, lo único que quieren son excusas para resguardarse de su propia miserabilidad.

5. Le echas la culpa a todo lo externo. Como no pueden asumir sus riesgos, crear proyectos y llevarlos a cabo, les encanta hablar mal de los demás y culpar a los otros -personas, gobiernos, guerras, al capitalismo, al comunismo, o a quien crean conveniente- de todos sus males.

Estrategias para aprovechar tu vida y hacerla brillar

Crea tu propio proyecto de vida. Este paso por el mundo es fugaz, es un soplo en la eternidad.

Haz de tu día una fiesta. Con sus altas y bajas, la vida merece ser celebrada. Hay millones que no tienen esta posibilidad. Aprovecha lo que se te ha dado, tu conocimiento, sabiduría, e, incluso, si has tenido oportunidad de estudiar, para hacerlo valer poniéndote en marcha.

Encara algo completamente distinto. Sal de la rutina. Empieza por algo pequeño, como dar una vuelta por un barrio que no conozcas y conversar con dos personas nuevas cada día.

Expande tu círculo de amistades. Es cierto aquella frase de "la miseria busca compañía", ya que el fracasado lo que quiere es que los demás sean idénticos a él. Por eso nivela para abajo, y a los demás -a los que tienen éxito y van por sus logros- los critica sin piedad. Encuentra personas diferentes, que te desafíen, que no sean complacientes contigo.

Deja vivir en paz a los demás. Proponte, sólo por hoy, no molestar a los demás con tu pesimismo y tu fracaso. Enfócate en cómo puedes mejorar. Sólo eso te empezará a traer una energía nueva y renovada.

Cambia esas verdades que declamas por planes en acción. El origen de tu estado actual de fracaso y miserabilidad no es que no sabes qué hacer: es que NO QUIERES salir de dónde estás. Es más cómodo pasarse el día tirado frente a la tele, o criticando en las redes sociales. Si enfocas tus habilidades y las haces algo que te sirva a ti, y también a otros, descubrirás un mundo nuevo: hay vida más allá de tu ombligo.

Recuerda que nadie se acerca ni contrata a los pesimistas. Para formar parte de cualquier emprendimiento o equipo de trabajo hace falta actitud positiva y constructiva. Eso es tan esencial como el conocimiento técnico.

Si te ilusionas, es tu problema. Las ilusiones son como un espejo: jamás muestran la verdad de las cosas, sino apenas una forma de reflejar la realidad. Si proyectas tu ilusión en los demás, el resultado es que seguro te desilusionarás, y esto es tu responsabilidad.

Toma la ayuda que se te brinda. El que se considera a sí mismo como un fracasado deja pasar las oportunidades porque no asume la parte de responsabilidad que le toca. Podrán ofrecerle un trabajo excelente, y él/ella lo considerará poca cosa. Y así sucesivamente. Es importante que empieces por algo, que luego te llevará a algo mejor si lo haces a consciencia.

No esperes que todo venga del otro. Empieza por ti. El único y gran recurso con que cuentas eres tú. Si pasas la vida esperando que los demás te ofrezcan un trabajo, o un proyecto, o un marco de seguridad en tu vida estarás entregando tu poder personal. Haz lo tuyo, y también intégrate a actividades junto a otros.

Acepta que el mundo cambia. Si te quedas anclado en algún momento bueno del pasado, y defines tu presente como un tremendo desastre, estás perdiendo la oportunidad de crear algo nuevo para ti.

Si casi nadie quiere relacionarse contigo, tienes un mensaje muy claro. ¿Están todos ellos equivocados? ¿O quizás hay algo tuyo que los repele?

Agradece a las personas que pasaron por tu vida. Con buenas o malas experiencias, todas te han enseñado algo. Aprende el sentido de la gratitud.

Date la oportunidad de despegar del lugar donde estás estancado. Observa a tu alrededor todo lo que tienes, y qué puedes hacer mejor con eso. Descubre el mundo con nuevos ojos: has tenido un velo de negatividad durante mucho tiempo; es hora de que lo corras.

Los estudios científicos han demostrado que los pensamientos y las emociones humanas son una verdadera energía en movimiento; así es que tanto como podemos enfermarnos, también es posible curarnos, sanar; y en aquello en lo que pensamos, es en lo que nos convertimos.

"Todo lo que resistes, persiste", una de las frases del psiquiatra suizo Carl Gustav Jung (1875-1961), define una actitud muy arraigada en muchos seres humanos.

POR QUÉ TODO LO QUE RESISTES, PERSISTE

Esta fuerza indomable, la del pensamiento inconsciente, necesita ser regulada si es que deseas obtener un mayor equilibrio emocional y mental. Como los pensamientos son energía que construye por dentro el andamiaje de lo que, luego, manifestarás hacia afuera, es realmente sorprendente la cantidad de personas ancladas en aspectos negativos y nada conducentes a la vida de plenitud y felicidad que expresan de la boca para afuera que quieren conseguir.

La energía vital, esa que se contagia, como la risa, los bostezos, el entusiasmo, la tristeza y la mala onda -por citar unos pocos ejemplos- determina la influencia directa que tiene cada uno con el entorno directo e indirecto.

Un ejercicio sencillo te permitirá comprobar esto: cuando llegas a tu hogar luego de un día muy complejo de trabajo, y con situaciones que serían preferibles no hubieran pasado, observa atentamente cómo se va diseminando esta energía inconsciente a tu alrededor. Es posible que los niños se pongan más demandantes -exasperándote aún más-; que haya desaciertos en la forma de abordar alguna complicación menor con tus relaciones, y de qué forma la cena en familia se transforma en una literal bomba de tiempo en tu sistema digestivo, como para cerrar una jornada desafiante.

Eso es energía pura. Lo mismo sucede en la calle, en el trabajo, con los amigos, relaciones, equipos con los que compartimos alguna actividad, y en todos los ámbitos. La energía negativa es densa, por eso se potencia más rápido, salpica y ensucia con contundencia. Puedes observar esto muy claramente cuando alguien empieza a quejarse en la cola del supermercado, o en un aeropuerto ante un vuelo demorado, y, casi instantáneamente, una docena más de personas se pliegan sin siquiera detenerse a considerar qué tanto los afecta directamente. La energía negativa se potencia.

La buena noticia es que la energía positiva también se transmite, aunque es más lábil, se disipa más fácilmente, es más fugaz. Por eso necesita de mayor 'cantidad' para lograr una contundencia y densidad, para hacer pregnancia. ¿Puedes reconocer que recuerdas siempre más lo negativo que los momentos positivos? ¿O que, acaso, le pones más énfasis la mayoría de las veces a las cosas malas que a las buenas que te suceden? Eso es energía negativa en su máxima potencia; y así vas creando tu realidad en la vida.

La resistencia a lo que no te gusta produce más resistencia

Muchas personas sostienen que, al resistirse a determinadas cosas en la vida, contribuyen a cambiar el status quo. Nada más errado, porque desde la posición de resistencia lo único que se logra es que aquello que desean cambiar para sí mismos o para los demás, persiste y con más fuerza. Se vuelve multiplicado.

Aquí no se trata de que desistas de tu esfuerzo por ***persistir*** (que es distinto a resistir) en tus ideales, pensamientos y anhelos.

Lo que sucede es que, volviendo al punto acerca de que somos energía en movimiento en este planeta, al menos mientras estemos por aquí, cuanta más fuerza en tus pensamientos generas de aquello que rechazas, más lo atraes. Como dijo la Madre Teresa de Calcuta: «Nunca iré a una concentración antibelicista. Cuando hagáis una concentración a favor de la paz, invitadme».

Aunque te parezca increíble, así funciona la vida según ha estudiado y sostenido el propio Jung y cientos de científicos alrededor del mundo.

Si tu postura de vida es "luchar contra algo", lo que estás creando es, sencillamente, que ese 'algo' se haga cada vez más fuere. Al poner toda tu atención en contra de lo que luchas, te resistes a ello, y así se forma una posición de combate tal, que las cosas no cambian.

Resistir no es lo mismo que "persistir": la mayoría de las personas lo confunden. Cambia tus pensamientos y cambiará tu vida.

En cambio, todo lo que aceptas, empieza a transformarse. ¿Te suena raro internamente? Aceptar no significa estar de acuerdo ciento por ciento. Es una posición empática para encontrar un nuevo punto de vista superador, no ya en batalla y combate con lo que resistes internamente, sino en actitud colaborativa.

Como decía el filósofo chino Confucio, "Hay que esperar lo inesperado y aceptar lo inaceptable. ¿Qué es la muerte? Si todavía no sabemos lo que es la vida, ¿cómo puede inquietarnos conocer la esencia de la muerte?".

DE QUÉ SE ARREPIENTEN LAS PERSONAS JUSTO ANTES DE MORIR

Muchas veces se relatan experiencias cercanas a la muerte, y quienes hemos estado en ese estado por algún motivo, sabemos que se trata de una experiencia sagrada. Más allá de los dolores y padecimientos físicos que acompañan este proceso muchas veces, el camino de regreso desde donde vinimos (nacer y morir forman parte de un mismo círculo) puede ser en paz y equilibrio.

La experiencia profesional de la enfermera australiana Bronnie Ware, quien durante muchos años acompañó a las personas en las últimas semanas de vida, fue volcada en su blog "Inspiration and Chai", y en su libro posterior llamado "Los 5 principales arrepentimientos de los moribundos".

"Las historias que escuchaba de aquellos que iban a morir pronto no eran lamentos sobre no haber saltado del bungee o no haber conducido un auto de carreras, sino cosas mucho más simples y cotidianas que la amenazante cercanía de la muerte clarifica y muestra en su devastadora urgencia. Cuando les preguntaba de qué se arrepentían o qué hubieran querido hacer distinto, algunos temas comunes salían a la superficie una y otra vez", señaló la enfermera.

Los 5 arrepentimientos más recurrentes

Según recoge de su experiencia, estos son los más frecuentes que escuchó en sus años de desempeño. Como aporte, a continuación de cada arrepentimiento encontrarás una guía con recursos prácticos para no esperar a tu lecho de muerte, y empezar ya mismo si lo deseas:

1. Desearía haber tenido el valor de vivir la vida fiel a mí mismo, no la vida que otros esperaban de mí

Cuando las personas viven pendientes de la opinión de los demás, el resultado es el miedo. Con esa emoción dentro, la vida de quienes se despiden de este mundo se ha nutrido de un camino de sueños truncos, oportunidades sin tomar, cosas que se quisieron hacer y que por el deber ser, se postergaron. Ahora, indefinidamente.

En el momento de perder la salud se produce una toma de consciencia muy profunda, que produce un replanteo patas hacia arriba de todo lo que posiblemente has creído como verdad y como estable en la vida. Es así que aparecen estas pequeñas tomas de consciencia muy profundas y sentidas.

Los seres humanos no valoramos las cosas mientras las tenemos, sino cuando las perdemos. Así de brutal y de real es esta experiencia para una inmensa proporción de personas.

Recursos mientras estás vivo: 1. Plantéate pequeños objetivos y alcánzalos. 2. Disfruta de las pequeñas cosas. 3. Piensa en qué es importante para ti, y hazlo tu propósito de vida. 4. Lleva un registro de tus pequeños y grandes momentos, buenos y malos. 5. Enfócate en lo esencial; deja ir lo superfluo.

2. Desearía no haber trabajado tanto

Sobre todo en los hombres este ha sido el arrepentimiento en común. Cuando la cultura ha impuesto un rol predominante de generador, la familia muchas veces quedó relegada. La presión, la tensión, el estrés, la conquista de logros apenas permiten que se recuerde un pálido reflejo de la infancia de los niños. Tampoco les ha permitido disfrutar del amor de su pareja, e, incluso, de sí mismos, por el ritmo febril de sus vidas.

Recursos mientras estás vivo: 1. Observa si lo que estás haciendo refleja tal y como quieres vivir. 2. Determina al menos un pequeño ajuste en esta rutina. 3. Toma consciencia de todos los momentos en que vives en automático. 4. Comparte tu experiencia con alguien muy cercano, como red de apoyo. 5. Plantéate algún cambio positivo, y recobra tiempo personal.

La vida es, apenas, un soplo en la eternidad.

3. Desearía haber tenido el valor de expresar mis sentimientos

Si bien el sentir en esta época está abriéndose camino, fueron muchas las generaciones impedidas de expresarse libremente. Como los sentimientos son percibidos como algo subjetivo, casi secreto y sujeto a múltiples interpretaciones cuando se los expresa, muchas personas se los guardan. La enfermera Ware afirma que "muchos desarrollaron enfermedades relacionadas con la amargura y el resentimiento que cargaron consigo". De hecho, estas dos emociones son típicas de enfermedades desafiantes como el cáncer.

Recursos mientras estás vivo: 1. Recuerda que esconder los sentimientos no los hace desaparecer; siempre están. 2. Los humanos hemos sido dotados de emociones y sentimientos. 3. Una buena inteligencia emocional trae equilibrio vital. 4. Expresa lo que sientes y quieres en cada momento. 5. No postergues tu comunicación esencial con los que más quieres.

4. Desearía haber mantenido contacto con mis amigos

El cambio cultural sobre el profundo sentido de la amistad -entendida como la familia que se elige- ha pasado a ser, hoy, una lista de contactos en el móvil, una relación a la distancia, sin tiempo para disfrutar y compartir. Al no dar el tiempo necesario para saborear este vínculo esencial de la vida, en los últimos tramos del paso por el mundo aparece cierta pérdida de sentido en este aspecto. Así, las personas en fase final de vida afirmaron extrañar a ciertas personas de la infancia, juventud e incluso de adultos, y se arrepintieron de no haber tenido más contacto, o de haber perdonado situaciones del momento.

Recursos mientras estás vivo: 1. Reconoce a tus amigos. 2. Forma con ellos una red de contención todo terreno. 3. Es preferible tener pocos y muy buenos amigos, que una extensa agenda de conocidos mal caratulados. 4. El sentido de la amistad se alimenta con la frecuentación en vivo y en directo. 5. Toma tiempo para expresar tus sentimientos hacia ellos.

5. Desearía haberme permitido ser más feliz

La enfermera Bronnie señala que "lo más sorprendente de esta lista es un lugar común que probablemente muchos sospechamos desde el fondo de nosotros, pero que nos avergonzaría admitir abiertamente: la felicidad es una elección.".

El miedo al cambio, el desafiar las creencias y paradigmas con las que cada uno fue criado y educado, y el haber entregado el poder personal a otras personas, son parte de lo que impide que seas feliz.

Cuando no eliges lo que quieres; cuando no expresas abiertamente tu opinión sobre las cosas; cada vez que dices "si" en vez de "no" por el que dirán, estás perdiendo tu oportunidad de plantarte en la integridad de quien eres, y ser feliz.

Recursos mientras estás vivo: 1. Sé más suave contigo, y menos cruento con los demás. 2. No juzgues a los otros: todos están viviendo una historia de la que tú no sabes nada. 3. Acepta las diferencias: cada uno es distinto. 4. Expresa tu felicidad en pequeños gestos, como abrazos, palabras amables, una nota cariñosa, una mirada cómplice. 5. Descubre la profundidad de lo que te hace feliz, por pequeño que sea. Haz más de eso, y menos de lo que te produce infelicidad.

¿Has pensado alguna vez en qué te gustaría que los demás dijesen de ti cuando dejes este mundo?

> "Lo que hacemos en la vida tiene su eco en la eternidad"
>
> MÁXIMO (EL GLADIADOR)

QUÉ TE GUSTARÍA QUE DIJESEN DE TI CUANDO DEJES ESTE MUNDO

Como eso es inevitable, tal vez sea un buen momento para pensarlo, y obrar en consecuencia.

En muchas disciplinas de autoconocimiento hay muchas herramientas diseñadas para acompañar el proceso de despedirse del cuerpo físico de una manera armoniosa, serena, en calma y con aceptación de lo irremediable, aún muchos años antes de que probablemente ocurra.

Si bien el paso por la vida es efímero si lo comparas con la eternidad del tiempo y el universo, nuestra experiencia humana es tan rica en aventuras y aprendizajes que, si te sabes colocar en la posición apropiada, la disfrutarás aún más.

Mantén la calma, busca tu equilibrio

Un síntoma de estos tiempos es vivir apresurados, como si nada nos fuese a ocurrir. Si por esas cosas del devenir de los días pasa algo que altera completamente el plan de vida, deberás afrontar la incertidumbre, la pérdida, el dolor de lo que ya no fue.

Muchos llegan a este nivel de consciencia a partir de experiencias desafiantes, como una pérdida, un accidente o un complejo problema de salud.

En estos casos (al menos en mi experiencia personal cuando atravesé un coma extendido por semanas), vuelvo al mundo con una nueva mirada.

¿Por qué necesitamos que pase algo grave para tomar consciencia de la finitud de la vida?

Los seres humanos aprendemos del error, y no tanto de los momentos felices. ¿Te has dado cuenta de que recuerdas más fácilmente los tropiezos de la vida, que los instantes de felicidad pequeños y cotidianos?

La mente humana se ha hecho más fuerte en las conversaciones internas negativas, que en lo positivo que siempre convive. Es parte del equilibrio vital. Aunque, como ya sabes, si te dejas llevar por este espiral negativo, te costará mucho más esfuerzo salir adelante.

El valor de la actitud, aún en lo negativo, es una de las herramientas que tienes para poder rescatarte y seguir configurándote como un ser humano completo, íntegro y equilibrado. Pase lo que pase.

Después que me haya ido

Aquí va un ejercicio sencillo para diseñar, hoy, la vida que quisieras tener de ahora en más.

- » Toma papel y lápiz.
- » Encuentra momentos de calma, sin interrupciones.
- » Escribe tu lista de arrepentimientos: incluye todas esas cosas y acciones, personas y circunstancias de toda tu vida. Hazlo sentido, no demasiado mental. Deja que fluya esta información.
- » Repasa esta lista, y puedes ir completándola a medida que te aparezcan nuevas ideas.
- » Haz otra lista, diferente: pon las palabras que te han dicho y que, incluso, te has dicho a ti mismo, y que te han marcado en positivo.
- » Haz énfasis en aquellas que aún conservas como lemas en tu vida. Puede ser algo que escuchaste al pasar, o leíste en algún lado, y te quedó marcado.
- » Toma consciencia de estas brújulas que habitan en ti, y que, con toda certeza, te devuelven al rumbo perdido en momentos de incertidumbre.

Para avanzar en este proceso, una vez que tengas mucho material de los siete puntos anteriores, responde honestamente, y registra en tus notas, estas preguntas:

- ¿Cuál es mi aporte al mundo? (puedes tener presente a tu familia, amigos, ciudad, país, personas que alguna vez conociste, incluso aquellas que ya no están físicamente)
- ¿Qué cosas positivas me han dicho a lo largo de mi vida? Si no encuentras ningún recuerdo asociado a esto, remítete a algún halago, una pequeña felicitación, un gesto al pasar: es decir, cualquier cosa que te devuelva a ese instante.
- ¿Qué me gustaría que digan las personas cuando ya deje este mundo? Aquí es importante que seas honesto: no se trata sólo de palabras floridas para tu ego -te aseguro que estará muy ansioso y demandante por tener un diccionario gigante de elogios-. Más bien, piensa en cómo asociar lo que tú ERES (tu SER) con el LEGADO que dejas en tu paso por el mundo.
- Escribe en una nueva hoja estas frases que surgen de esta pregunta fundamental.
- Relee esta información con mucha frecuencia.
- Empieza a tomar acción con pequeños pasos cada día, para convertir ese legado personal en algo que te distinga. No importa lo que elijas: no tienes por qué cambiar el mundo (basta, apenas, con que elijas cambiarte a ti mismo ¡y eso es algo muy valioso y gigantesco!).

Observa cómo todo alrededor empieza a vibrar y a conectarse de una manera más positiva cuando elijes vivir consciente de tu legado personal.

La marcha en la vida es como una carrera de postas o relevos: esta etapa te corresponde; luego vendrán otros para seguir el camino, a su manera. Vive de acuerdo a tu propósito, y esto, automáticamente, permitirá que manifiestes tu legado personal a cada paso. Es asombroso el crecimiento y el bienestar interno que experimentarás.

Cuando ya estés en este punto, persiste una vez más: la vida presentará tropiezos. Lo bueno es que ya sabes cómo volver a tu eje personal cada vez que lo necesites, y cada vez que lo elijas.

> "Empieza por hacer lo necesario, luego lo posible y de pronto te encontrarás haciendo lo imposible."
>
> San Francisco de Asís

Capítulo 5

Recursos para vivir mejor

PACIENCIA = LA CIENCIA DE LA PAZ

A lo largo de ayudar a entrenar a miles de personas, aparece frecuentemente la necesidad de volver a conectarnos con la paz interior; con ese espacio donde todo es tranquilo, seguro y en calma. Donde respirar es sencillo y fluido; no hace falta esfuerzo; sólo inspirar y soltar el aire. Una y otra vez. Donde, en la tranquilidad interna, aparece mayor claridad, enfoque y entrega.

Cuando llegamos a este punto, uno de los motivos recurrentes que suelen dar vueltas por la cabeza, como un molesto moscardón, es el de la ansiedad. Así es que solemos vivir acelerados, en medio de grandes ciudades, moviéndonos constantemente, buscando superar-nos en medio de una realidad que por momentos, nos-supera, apasionados tras las metas y objetivos, recibiendo y siendo a veces incapaces de filtrar los mensajes que pueden hacernos daño, "creando, provocando y permitiendo" (como aprendí del educador John Roger) cada situación de mi vida.

Hace poco, trabajando con un alto ejecutivo internacional en el proceso de cómo alinear su misión y visión personal con su misión y visión profesional, sobre la necesidad de recobrar la paz. La paz es un capital. Es uno de los 'activos' en el balance de la vida. La paz es un principio activo, en movimiento, suave, fluido y neutral; aunque movimiento al fin.

La paz suele ser asociada con la quietud, la contemplación, el 'no hacer'. Y muchas veces, allí es donde irrumpe la culpa por sentirnos poco productivos. Sin embargo, la cualidad de la paciencia, el saber que todo tiene su ritmo y su desenvolvimiento de acuerdo a un plan maestro, superador y de naturaleza infinita, puede ayudarnos a conquistar la llave hacia la paz: la paciencia, entendida como la ciencia de la paz.

Piensa por un momento una situación en la que te sentiste impaciente.

Cierra los ojos.

Ahora, trae ese recuerdo con imágenes vívidas, a todo color, como una foto en la gigantesca cámara fotográfica que es tu memoria y tu mente.

Ponle sonidos: ¿qué voces se escuchaban? ¿Qué sonidos?

Si tuvieses que pintar esa imagen de un solo color ¿cuál sería? ¿Se visualiza nítida o borrosa?

Ponle una sensación: ¿es agradable o desagradable? ¿Qué estado interno te produjo? ¿Qué manifestaciones físicas tuviste con ese estado interno?

Ahora, una vez más, toma tu cámara de imágenes mentales, y haz un rápido zoom hacia atrás: desplaza la imagen de tu mente lo más lejos que sea posible, hasta convertirla apenas en un punto en el infinito.

Y ese punto se va haciendo cada vez más imperceptible, hasta que desaparece.

Justo en el momento en que desaparece, tiñe ese paisaje desolado con tu color favorito; píntalo a todo color. Colócale una música agradable. Conéctalo con un lugar de la naturaleza que automáticamente te conecta con la calma y el relax. Respira el aire puro y fresco. Siente la tierra bajo tus pies. Sonríe. Relaja todo tu cuerpo. Estíralo inspirando y soltando el aire suavemente.

Permanece en este campo de paz por lo menos un minuto. Reconoce las sensaciones que estás viviendo ahora. Recréalas dentro tuyo. Emite cualquier sonido (como una palabra positiva, un chasquido o un tono musical agradable), o toca suavemente una parte de tu cuerpo.

Estamos creando un ancla para que puedas volver a este estado de paz cada vez que lo necesites.

Una vez más, haz ese sonido especial que has elegido; o roza muy suavemente, esa parte de tu cuerpo que te trae presente la experiencia de calma, serenidad, paz y certeza de que todo está bien y es excelente así como se presenta.

Desde este instante de paz, toma un par de respiraciones profundas, y cuando quieras, abre tus ojos y conéctate con el mundo que te rodea.

Este breve ejercicio está basado en la ciencia de la paz: la habilidad que todos tenemos de recobrar la paciencia, aún en momentos de ansiedad y tensiones; más allá del acelere cotidiano y de las situaciones externas, es posible volver a calmar la mente y las emociones, para, una vez más, sentirnos uno con nosotros mismos y con el mundo que nos rodea, en equilibrio.

Puedes hacer esta experiencia cuantas veces lo necesites. Sólo lleva un minuto.

Una vez que te entrenes, cada vez que lo necesites bastará con pronunciar ese sonido especial o rozar suavemente esa parte de tu cuerpo, para que, automáticamente, se despliegue este estado interior de plenitud y paz.

Conéctate con la sabiduría infinita que yace en tu corazón. Desde allí la intuición será tu guía hacia una vida con mayor equilibrio, entendimiento, aceptación, perdón y grandeza.

Por eso, ¿Conoces la teoría de la navaja de Ockham? Es esa que afirma que la explicación más sencilla suele ser la correcta. Muchas veces tenemos la tendencia a complejizar los procesos, aunque no haga falta. Aquí he compilado diez habilidades probadas por la ciencia y la psicología que te permitirán afrontar mejor diversas situaciones.

9 TIPS PSICOLÓGICOS PARA HACER LA VIDA MÁS SENCILLA

1. Llama a las personas por su nombre. Esto los predispone mejor, ya que marca tu intención de tener mayor contacto con esa persona, aunque sea esporádicamente. Por ejemplo, en un restaurante donde sabes el nombre de quien te atiende, recibirás un mejor trato. Cuando conoces a alguien siempre preséntate con tu nombre y apellido, y pon especial atención en su respuesta, generalmente con el suyo. Recuérdalo y refuérzalo en los primeros minutos de conversación: las barreras se derriban más rápido.

2. Si quieres una respuesta, mantén firme tu contacto visual. Es muy difícil que la otra persona sea huidiza si sostienes la mirada en silencio, mientras esperas que te responda. No alcanza, entonces, sólo con preguntar: con el refuerzo de la mirada fija en los ojos del otro se genera un marco de tú a tú, que provocará que el otro continúe la conversación, pudiendo arribar más prontamente a una contestación.

3. Si no sabes algo, pregunta. Los seres humanos somos seres sociales, por lo que la complementariedad en nuestra interacción es lo que nutre las relaciones. Hacer preguntas con verdadero interés, como cuando consultas por una calle desconocida para ti y alguien se esfuerza en acercarte orientación, abre un puente de intercambio mutuo enriquecedor. Esto lo puedes aplicar en todos los ámbitos de la vida. Incluso si tienes personalidad de sabelotodo, es un buen gesto promover preguntas para establecer mayor rapport con los demás. Si estás al frente de un curso de enseñanza o una conferencia, es razonable preguntar si no sabes algo. Contrariamente a lo que la gente piensa, te dará mayor humanidad y comprensión de tu auditorio.

4. Las tareas sencillas, siempre antes de las complejas. Si delegas trabajo es más sencillo obtener predisposición del equipo si primero confías una tarea sencilla, y, una vez completada, pasas a la que requiere mayor esfuerzo. Esto ha sido analizado por el psicólogo Stanley Milgram, que en sus estudios ha ratificado que los individuos que, primero, han recibido pedidos de tareas triviales, luego están más propensos a llevar adelante positivamente lo más complicado.

5. No dudes en pedir favores. Es muy conocido el "efecto Benjamin Franklin", un hallazgo psicológico que cuenta que político e inventor estadounidense tuvo un fuerte rival ideológico que lo criticaba continuamente, especialmente por los discursos. Un día, Franklin le envió una carta pidiéndole prestado un libro, a lo que la otra persona accedió con gusto... y orgullo por sentirse especial. Al devolverlo, el mandatario envió una sencilla nota de agradecimiento; y desde allí crearon una linda amistad, más allá de las diferencias. Esto es especialmente útil cuando estás frente a situaciones complejas. Pide ayuda a la otra parte; invítalos a presentar una propuesta superadora, y diles que tú harás lo mismo. Establece las bases de esta cooperación, buscando que ambas partes salgan beneficiadas.

6. Contradice al otro, en positivo. Cuando te parezca que necesitas contrarrestar el argumento de la otra persona, plantea tu ponto de vista diciendo específicamente: "Sí, y..." Esta es una llave casi mágica para que tu opinión sea apreciada de mejor manera. Pruébalo.

7. Pon espejos para personas furiosas. Si te dedicas a atención al cliente o en sectores donde las personas pueden enojarse, coloca un espejo donde ellos se vean reflejados de alguna forma. Es increíble cómo funciona: a nadie le gusta verse enfurecido y en un altísimo porcentaje, empieza a bajar la intensidad del reclamo, sólo por el hecho de observarse en perspectiva.

8. Mira la posición de los pies de las demás personas respecto a ti. Si estás dialogando y el otro tiene los pies alineados con los tuyos, ten por seguro que te presta atención. Si los pies están desalineados, esa persona no desea que sigas hablando. Otro tip interesante de comunicación no verbal: cuando te acercas a un grupo que está dialogando, si la persona que está hablando gira su cuerpo completo y te invita a ingresar, vas por buen camino. Aunque si sólo gira el torso levemente, ten por seguro que no está habilitando que ingreses de momento en ese grupo.

9. La risa, como efecto de conexión. Cuando estás en un grupo, aunque sea desconocido, podrás saber quién siente mayor empatía por ti cuando se da un momento de risa. Observa quien te mira directamente mientras ríe, y así sabrás en quien puedes apoyarte con mayor confianza, ya que ha abierto una barrera de comunicación y probablemente le gustaría conversar más contigo.

Uno de los factores que atenta contra la vida sencilla es el ruido. Los ruidos urbanos, las palabras y nuestro bullicio interior a veces se hacen ensordecedores. Desde que nos levantamos hasta que nos vamos a dormir el silencio prácticamente está ausente en nuestra vida. Los móviles con sus tintineantes alertas, los televisores, radios y reproductores de música, conforman una banda de sonido que, de repetida, casi se ha hecho costumbre.

Los que vivimos y trabajamos usualmente en grandes ciudades experimentamos un alto nivel de contaminación sonora, que la Organización Mundial de la Salud (OMS) describe como una plaga moderna, ya que trae aparejada un impacto directo en nuestra salud.

5 BENEFICIOS DEL SILENCIO Y TIPS PARA LA VIDA DIARIA

El silencio es una alternativa maravillosa para recobrar el equilibrio interno y reconectarnos. ¿Has observado el impacto que sientes cuando te sumerges en el agua, cuando se aquietan los sonidos externos? La buena noticia es que es posible hacerlo a consciencia diariamente, cada vez que dispongas de unos pocos minutos.

Cuando Beethoven compuso su Quinta Sinfonía, acentúa su espíritu dramático desde los primeros compases. Y lo que le da mayor ímpetu e impacto son, precisamente, los silencios.

De la misma forma actúa el silencio en nuestra vida: acentuando los momentos y dándole cadencias, matices y fluidez al día a día.

El punto de partida es conoce los beneficios de fomentar el silencio:

1. Restaura tu energía

La sobre estimulación sensorial actual implica una carga excesiva en la corteza pre-frontal del cerebro. Esta parte es la que se relaciona con los procesos de toma de decisiones y la resolución de problemas. Con interferencias como los ruidos, nuestra capacidad de poner atención plena y enfoque se ve seriamente afectada. Esto deriva en manifestaciones como fatiga, irritación y nerviosismo. Piensa en las veces en que, cuando necesitas concentrarte, te tapas los oídos como una forma de silenciarte.

2. Aquieta la mente y las emociones

Tener periodos de silencio nos ayuda serenarnos, calmarnos y recobrar el equilibrio vital. También se alivian las tensiones. Empezamos a ser más conscientes de la respiración y esto oxigena mejor todo el organismo. Cuando hay mucho ruido se secreta cortisol, la hormona del estrés. Por eso en una discoteca -por ejemplo-, donde el sonido está en volumen muy alto, y las luces contribuyen a un exceso de estímulos sensoriales, más las bebidas que muchos consumen, se incrementa la presión sanguínea, y hasta aparecen signos de roces, maltrato y hasta violencia en casos extremos. El ruido afecta directamente a la forma en que accionamos frente a las cosas. Cuanto más fuerte, tenemos menos defensas.

3. Ayuda a ser más creativos

Hay una respuesta cerebral estudiada por los científicos, que se llama cognición autogenerada. Si estamos en silencio, ayudamos al órgano central que domina nuestro cuerpo para que libere la mente y la deja permeable a procesos creativos y de innovación. Por eso las ideas fluyen mejor cuando estamos relajados y en calma.

4. Regenera las neuronas

La neuroplasticidad es una función extraordinaria del cerebro que permite no sólo adaptarse e ir evolucionando en sus funciones y comandos, sino en la regeneración de células en el hipocampo, un pequeño órgano con funciones esenciales del sistema límbico, el que regula las emociones. Cuando nos silenciamos mejoramos la memoria y la concentración porque ayudamos a la regeneración cerebral.

5. Promueve el control del estrés

Las personas que se desenvuelven en ambientes caóticos y de alto estrés encuentran en el silencio una de las mejores herramientas para mantener su equilibrio vital. Ante un exceso de estímulos externos, es necesario determinar espacios en silencio para equilibrarse. La rutina, aunque parezca aburrida, también genera estrés. ¿Has visto que en los pequeños pueblos de vida tranquila, las personas también se estresan a menudo? Sucede que es una respuesta natural ante los problemas o situaciones de la vida, muchas veces agigantados por la percepción que le da cada persona.

Tips para el día a día

Crea momentos de silencio. Apaga tu automático cuando te despiertas y enciendes la radio o la televisión.

Descansa de la música. Si bien la música es una herramienta fantástica para acompañarnos y despertar emociones, hay momentos en que podemos elegir silenciarla conscientemente, para estar a solas con nosotros mismos.

Baja el tono al hablar. No es necesario forzar la voz cuando nos comunicamos. Incluso cuando te entrenas, puedes mantener un tono firme y suave a la vez, logrando mayor empatía con los demás.

Practica técnicas que tengan al silencio dentro de su estructura. La meditación, el mindfulness (atención plena), yoga y muchas otras disciplinas, toman al silencio como uno de los pilares de la reintegración emocional y psíquica.

Habla menos. Contabiliza todas las veces que generas conversaciones sin sentido. Vuelve a lo esencial, y la calma se despertará en ti.

Lee en silencio. Descubre el placer de un buen libro o materiales que te nutran. Será un momento de mucha conexión interior dejándote llevar por las historias, e incorporando nuevos conocimientos.

Dedica unos minutos a respirar profundamente. Hay muchas técnicas para oxigenarte y estimular tu organismo. Una muy sencilla es sentarte cómodamente, cerrar los ojos, inspirar por la nariz y soltar el aire por la boca, muy suavemente. Hazlo en series de 10 veces. Cuando abras los ojos, permanece un minuto al menos para volver al presente y retomar tus tareas.

Invita a algún amigo a practicar juntos el silencio.

Desconecta el móvil en varios momentos del día.

Toma espacios de relax y silencio: por ejemplo, llena la bañera con agua tibia y dedícate unos minutos sólo a respirar, en silencio. Puedes incluir algún aroma agradable.

Escucha antes de responder. En el trabajo, no reacciones de inmediato ante las situaciones. Colócate en la posición del observador, el que escucha en silencio. Haz pausas en tus conversaciones.

Evita crear ruido ambiente. Limita tu aporte a la contaminación sonora en tu ámbito directo.

Observa la naturaleza y el arte. Es una forma maravillosa de conectarte sin necesidad de ponerle palabras. Admira una obra de arte en la calle, en un museo, en un libro. Son pequeños momentos de conexión y de silencio, que te ayudarán a reintegrar tu vida.

Así, las expectativas son el principal motivo de decepción y frustración en la mayoría de los seres humanos.

La expectativa es una proyección subjetiva de tu fantasía acerca de cómo quisieras o deberían ser las cosas, desde tu perspectiva, y conforman un conjunto de suposiciones de elaboración propia, en la que subyace una intencionalidad de querer controlar, manipular o cambiar el curso del fluir natural de la vida.

5 ESTRATEGIAS PARA VIVIR LIBRE DE EXPECTATIVAS

La expectativa es un filtro que actúa casi como un freno de mano para dejar que el otro (el mundo de las relaciones) se exprese tal cual es, independientemente del resultado que a ti te gustaría obtener.

En general, viene acompañada de unos cuantos ingredientes basados en creencias limitantes, como que la otra persona debería comportarse de cierta manera; o ser físicamente como a ti te gusta; o que su desempeño alcanzará determinado nivel de talento.

Para graficarlo, solemos tener expectativas acerca de nosotros y de los demás y del entorno:

Expectativas propias: son aquellas que dependen pura y exclusivamente de nosotros. Muchas surgen en los primeros años, cuando se depositan en nosotros deseos de otros (ser un buen hijo, sano, trabajador, inteligente, abundante).

Al creerlas y querer accionarlas para ser aceptados, queridos y cuidados, las hago verdad inconscientemente, ya que no dispongo aún de la estructura psíquica para procesar y contrastar experiencias. Ejemplo: de jóvenes o adultos, cuando asumimos un reto y ponemos energía, entusiasmo y enfoque por concluir eficientemente una meta; o en el caso de que quiero alcanzar determinado resultado, y me frustro por no haber dado lo suficiente. O cuando calladamente acepto estudiar para ser un abogado siguiendo la tradición familiar, aunque lo que me apasiona es la ciencia.

Expectativas ajenas -puestas en los otros o en el entorno-: aparecen cuando mido una experiencia de acuerdo con mi escala de valores y lo que me gustaría / deberían ser las cosas. Ejemplo: cuando ingreso a un nuevo trabajo, y me hago una representación del ambiente laboral que no coincide con lo que es en realidad. Por lo general, me dejo llevar por apariencias o por una construcción interna, que difiere de cómo se presentan las cosas.

También es muy frecuente en relaciones amorosas y de pareja, al proyectar en el otro lo que quisiera que sea según mi óptica, e incluso quiero forzarlo para que coincida con mi mirada. En el caso del entorno, un ejemplo claro es cuando elijo un gobernante y su accionar no representa mi expectativa previa, produciéndose el efecto de decepción y generalmente, echándole la culpa de casi todos mis males.

Proceso inconsciente

Las expectativas son inconscientes, y funcionan como un espejo distorsionado donde sólo quisiera ver reflejado la imagen a la que yo aspiro. Cuando dicha imagen (propia o del otro) no coincide con mi elaboración previa interna, surge la decepción y la frustración, acompañada de sufrimiento, culpa, resentimiento y dolor. Estas son cargas emocionales.

Como las expectativas influyen en nuestra forma de ver y accionar en el mundo, determinan en gran parte el éxito o fracaso de nuestros vínculos, empezando por el más relevante: conmigo.

5 estrategias prácticas

Para trascender las expectativas y vivir en el presente, abierto a todo aunque sin estar apegado a los resultados, aquí tienes estas cinco estrategias que pueden ayudarte:

Identifica las expectativas propias y sobre los demás. Vivimos en un mundo donde somos co-creadores. Deja que los demás hagan su parte, y sólo encárgate de la tuya. Haz el esfuerzo consciente de promover un silenciamiento interno e introspección cada vez que quieras controlar el curso de las cosas. Obsérvate y déjate fluir.

Quita el juicio subyacente. Muchas veces cada expectativa frustrada encierra un juicio de valor. Reconociendo la cantidad de juicios que emites inconscientemente a cada momento, podrás darte cuenta de la energía desperdiciada que podrías reconducir hacia algo constructivo. La clave es la aceptación y el perdón.

Elimina los adjetivos calificativos acerca de ti y los otros. Cuando calificas las experiencias como buenas/malas, positiva/negativa, etcétera, estás en desventaja, ya que posiblemente se afirma una cierta tendencia a proyectar tu expectativa en el afán de control. Busca la neutralidad y disfruta del momento tal cual se presenta. Siempre hay un aprendizaje.

Concilia tu autoimagen con lo que eres en esencia. La forma en que te ves en tu interacción con el mundo, es tu autoimagen. Si la autoimagen interna no está en consonancia con el resultado externo, significa que hay una distorsión. Trabaja conscientemente por hacer estos ajustes, para que lo de adentro (el ser, lo sutil y profundo) y lo de afuera (tus hechos, relaciones, resultados) sean concordantes todo el tiempo.

Libera la carga oculta. Las expectativas frustradas crean un peso de energía negativa acumulada en ti, en forma inconsciente. Desarrolla la destreza de no arrastrar tanto lastre por la vida; aprende a soltar lo que no coincide con tu molde mental/emocional en el momento en que ocurre. Se trata de que te animes a vivir pequeños duelos cotidianos, incluso en las cosas más sencillas. Pronto empezarás a sentirte más liviano, con menos carga y sin peso. El resultado final es la libertad de las ataduras que te mantuvieron cautivo durante tantos años.

En este proceso, es fundamental que tomes la decisión de reciclar tu vida. ¿Hay algún aspecto que no funciona como quisieras? ¿Historias del pasado se repiten una y otra vez? ¿Aparecen consecuencias a viejas acciones, y no sabes cómo encauzarlas? Si la respuesta es "sí" en alguna de estas preguntas, la estrategia de reciclar tu vida es la apropiada.

7 IDEAS PARA RECICLAR TU VIDA

Mientras estamos en este mundo físico viviendo una experiencia humana, vas cumpliendo etapas no sólo madurativas y propias de la edad, sino de conceptos, vivencias, aprendizajes y experiencias. Las sumas de todas estas partes conforman tu presente, tu yo y tu Ser desde el que accionas y sigues adelante.

Así como objetos que ya no utilizas pueden ser reconvertidos en algo con otra funcionalidad, la vida también puede ser reciclada.

Este principio se llama "sustentabilidad", y permite alinear y encontrar un equilibrio vital entre quien eres, lo que quieres lograr, el tipo de vida que anhelas llevar, y tu historia personal.

Reciclar la vida, entonces, es empezar a soltar todo lo que ya no sirve ni es funcional para tu estado actual. Algunas cosas podrás sostenerlas; otras, reformularlas en algo nuevo, y muchas más, con total certeza, dejarlas ir para siempre.

En este punto viene bien el concepto del reciclaje medioambiental: las **3 "R"**, que corresponden a Reduce, Reutiliza y Recicla.

¿Qué puedes reciclar? Tus creencias, los paradigmas, las formas de ver las cosas, tu actitud cotidiana, tus opiniones, tu lenguaje, tu predisposición para cambiar. Prácticamente todo lo que te limita, lo puedes reciclar para generar, desde ti mismo, un nuevo resultado.

El soltar

El proceso del soltar puede ser uno de los más complejos para el alma humana. Por lo general, el ser humano es acumulador emocional un tanto compulsivo en muchos casos; por eso es que aparecen con frecuencia los estallidos de emociones como la rabia, la ira, el enojo, la bronca, la culpa y el resentimiento.

Sólo cuando aprendes a serenarte y soltarlas, podrás reconfigurar un nuevo territorio en el cual vivir más a gusto.

Se trata de sintonizarte nuevamente con tu presente, enfocándote en tu Ser, tus deseos y tu proyecto de vida. Necesariamente, esto implica dejar ir muchas cosas que quizás fueron relevantes en otra etapa, aunque no ya en tu presente.

7 ideas para reciclarte

Define un mapa preciso de lo que quieres. Puedes dibujarlo con detalle, armar un collage con fotografías de publicaciones donde ordenes en una secuencia según la sientas algunas de las nuevas experiencias que quieres tener en este nuevo estadío vital.

Escribe una lista de todo lo que quieres soltar. Es algo así como ordenar tu closet mental para obtener una experiencia de mayor libertad y autoconciencia en el presente de tu vida. Despójate de todo: lo material que ya no utilices; las relaciones improductivas; los vínculos que te ahogan; las lecturas que tienes por obligación; los productos que ya no quieres consumir.

Haz un plan de 3, 6, 9 y 12 meses. Estas cuatro etapas serán las fundacionales de tu estrategia de reciclar la vida. Los primeros tres meses empezarás por reciclar pequeñas cosas, aunque sostenidas diariamente. Los siguientes tres, complejidad media. La tercera fase, alta complejidad. Y el tramo final, evaluación del resultado. Recuerda re-capitular cómo te vas sintiendo emocionalmente cada día.

Escribe tu cuaderno de gratitud cada noche. Dedica unos minutos a volcar una lista de palabras positivas a partir del aprendizaje de reciclar tu vida. Da las gracias por ello; y disponte a descansar con el mejor estado interno para encontrar la fuerza, la voluntad y el entusiasmo para seguir adelante.

Busca aliados de reciclaje. Un buen amigo, alguien especial, compañeros de alguna experiencia de autoconocimiento, lecturas optimistas, películas elevadoras, música que te serene y calme tu ansiedad: todo vale mientras que sirva de apoyo para tu proceso interno mientras vas reciclando la vida.

Observa la tendencia a querer rellenar agujeros en tu vida. Como irás soltando muchas cosas de tu antiguo yo, es posible que te aparezcan ganas de llenarnos inmediatamente con otra cosa, porque tal vez tengas dificultad de lidiar con ese vacío momentáneo. Tranquilo: aplica la serenidad y la observación consciente, y no hagas nada al respecto. Deja ese espacio libre, como para "airearte" internamente. En pocos días empezarás a sentirte más pleno y con mayor energía, ya que estás desintoxicándote de cosas que estaban estancadas dentro tuyo.

Reconócete y sigue adelante. Es fundamental que te felicites y reconozcas por los avances que vas teniendo; en caso de no hacerlo a consciencia, tu inconsciente no percibirá el beneficio de este reciclaje interno que estás llevando adelante, por lo cual el ego te boicoteará para que vuelvas al pasado. Es posible que sí lo logre. Depende de tu fortaleza, entereza, perseverancia, voluntad y constancia.

> El resultado superador de tu vida se basa
> en tus elecciones presentes, aquí y ahora.
> Cuanta más potencia le des al pasado,
> más atrapado te tendrá.
>
> (Daniel Colombo)

Anímate a reciclar tu vida: es una oportunidad maravillosa de crear la nueva vida que te mereces.

CÓMO SER MÁS COHERENTE ENTRE LO QUE PIENSAS, DICES Y HACES

Estamos en tiempos líquidos, donde no sólo las horas y la vida pasa, sino también la responsabilidad y el asumir los costos que ello conlleva.

La coherencia es un valor muchas veces depreciado: "lo que se dice con la boca se borra con el codo", dice el refrán. Justamente es en la coherencia donde muchas personas encuentran una zona de desafío, ya que no pueden ajustar sus pensamientos con sus dichos y sus acciones.

En inglés, coherencia se dice "consistency" (consistencia). En español, la palabra proviene del latín cohaerentia: la cohesión o relación entre una cosa y otra. El concepto se utiliza para nombrar a algo que resulta lógico y consecuente respecto a un antecedente.

La falta de coherencia es uno de los aspectos más negativos en los vínculos: con uno mismo, con los demás, con el entorno en general. Promueve la desconfianza, la duda; siembra la decepción y la frustración; y te sumerge en un espacio de sinsentido de la vida, motivado por esa imposibilidad de ser íntegro.

El valor de la integridad

La integridad humana se construye por tus valores, y la forma en que los ejercitas diariamente en tu hacer en el mundo. Una de sus herramientas es la coherencia, que es la concordancia entre lo que piensas, dices y haces.

Cuando algo en esa cadena virtuosa está fuera de lugar, caes en la incoherencia, y así lo perciben tu alrededor, transformándote en alguien de poco fiar, inconsistente, maleable y manipulable, puesto que hoy piensas y dices una cosa, y haces otra distinta.

La integridad y la coherencia ayudan a transformar tu vida en más consistente, auténtica, y enlazada con el bienestar, puesto que sostener la incoherencia es emocionalmente muy pesado.

5 ideas para ser coherente

Como se trata de un proceso inherente a la conducta y al comportamiento, la coherencia es una cualidad que puedes desarrollar tomando pequeñas acciones diariamente. Estas cinco ideas pueden servir de inspiración:

Idea 1: Busca ejemplos de coherencia. Seguro conoces personas que son absolutamente congruentes entre su pensamiento, sus dichos y sus acciones concretas. Conversa con ellas, o lee sus biografías y su filosofía de vida. Este paso te invita a emular a personas virtuosas, para asimilar rasgos que, luego, podrás adaptar y adoptar en tu vida.

Idea 2: Descubre dónde desafinas en tu coherencia. Posiblemente haya situaciones y personas que "hacen que salten tus fichas internas", desordenando el rompecabezas de la coherencia. Si es tu caso, verifica qué te sucede emocionalmente, y de qué forma actúas frente a estos estímulos. Lo importante es enfocarte en TU emoción, y no en las demás personas o sus acciones. Recuerda que los cambios siempre empiezan por ti, de adentro hacia fuera.

Idea 3: Evita enviar señales contradictorias al entorno. Como estamos en un mundo de relaciones, es importante que te cuides en la forma en que expresas lo que piensas, sientes, y, mucho más aún, en la contundencia de tus actos. Si te contradices muy a menudo posiblemente haya algo no resuelto dentro de ti. Busca ayuda de un profesional apropiado para trabajar este aspecto.

Idea 4: Sé responsable de tus actos. Las personas más coherentes se hacen cargo de todo lo que dicen, y así lo hacen. Y si, por algún factor, no lo llevarán a cabo, vuelven a pactar los acuerdos que tienen en cualquier circunstancia. Por eso son confiables y despiertan admiración y respeto. Tú eres el único responsable de tu vida, tus pensamientos, lo que dices y lo que ejecutas.

Idea 5: Establece un criterio para tu vida. Necesitas saber cuáles son tus parámetros. Tu propia escala de valores es una gran guía, para determinar los límites entre los que te moverás en términos de tu coherencia personal. Teniendo esto en claro es más difícil que puedas pasarlos.

Por último, recuerda también ser flexible y estar atento cuando debas ceder terreno, rectificar el rumbo por los errores -que todos cometemos- y tomar la acción correctiva que lo subsane. De esta forma, estarás conquistando mayor coherencia, y dando integridad e impecabilidad a tu vida. Ahora bien, si necesitas focalizarte en tu motivación, metas y objetivos, hay que *¿Tener esperanza o tener fe?* Si bien estos términos se suelen utilizar como sinónimos, hay una diferenciación importante.

¿TENER ESPERANZA O TENER FE? CONOCE LA DIFERENCIA

La **esperanza** es un estado anímico interno caracterizado por el optimismo que tienes cuando esperas un resultado favorable hacia algo.

La palabra proviene de *esperar*, del latín *sperare* (tener esperanza)

Para llegar a ese estado de esperanza es necesario tener confianza en la probabilidad de que lo anhelado llegará; por eso se lo asocia como la sensación de percibir algo como realmente alcanzable, si lo deseas con verdadero fervor y entusiasmo.

Aquí, **cinco tips para desarrollar la cualidad del estado de esperanza:**

» Promueve buenas intenciones en tus acciones.

» Básate en hechos, y también en la intuición, ese recurso interno que tienes por el que puedes ver más allá de lo tangible.

- Encuentra lo positivo en las distintas circunstancias, inclusive las que te desafían.
- Haz un ejercicio diario de gratitud, como una lista breve al comienzo del día, dando gracias por estar vivo, y por otros aspectos que quieres traer más a tu vida. Lo mismo necesitas hacerlo antes de dormir; de esta manera conectarás internamente tu esperanza con el poder de la intención.
- Desarrolla la cualidad de la confianza, pudiendo reconocer los límites sanos que implican el autocuidado personal.

A diferencia de la esperanza, la **fe** es una creencia personal, no basada en pruebas corpóreas, o tangibles, y que presupone -aunque a veces no lo explicites-la existencia de un ser divino o superior.

También se la puede definir como un sentimiento de confianza y de seguridad en algo superior, o una persona, una situación, una cosa, donde se le atribuye a otro un cierto halo de poder o de que es el facilitador o realizador de algo que deseas.

Algunas ideas para apoyarte en tu fe:

- Si crees en algo superior a ti, muchas personas oran o entregan sus pedidos o devociones.
- Tienes también un Ser Superior interno, que es intuitivo y que es el que te puede conectar con otras fuentes de sabiduría para traer respuestas a tus dilemas de la vida.

» Desarrolla la cualidad de entregar tu visión interna sobre lo que anhelas, a ese nivel superior, como una forma de experimentar que puedes recibir su ayuda, además de tu esfuerzo y dedicación personal.
» Plantéate escenarios razonables, y trabaja con dedicación en aquellas metas y objetivos que persigues.
» Eres el responsable de tu vida: por más que conozcas personas que pueden parecerte en escalones superiores de consciencia, no le entregues tu poder personal. Verifica cada situación por ti mismo, hazte un maestro en el arte de confiar y desarrollar tu fe. Cuidado con eso que llaman "fe ciega", ya que te puede conducir a resultados donde quizás salgas lastimado.

Cuando la vida te confronta con situaciones desafiantes, hay dos actitudes posibles: la aceptación o la resignación. Depende en qué lugar te pares sobre el problema, es la respuesta que obtendrás.

LA DIFERENCIA ENTRE ACEPTACIÓN Y RESIGNACIÓN

Es frecuente que las personas utilicen estos términos como sinónimos, y no lo son. Como sabemos, si al dolor le oponemos resistencia el resultado será una dosis mayor de sufrimiento.

¿Por qué? En palabras simples, porque a todo lo que te resistes, persiste con más fuerza.

El poder de cambiar las cosas es profundo, suave y sutil. Nada se consigue oponiendo resistencia, porque, de esa forma, sólo lograrás que tenga más contundencia.

En esa ecuación de **dolor x resistencia = sufrimiento,** puedes empezar a ver alguna diferencia entre la aceptación y la resignación.

Pregunta típica de la resignación

"¿Por qué a mí?" es la sentencia más frecuente de quienes se resignan. Se sienten en algún lugar -generalmente inconsciente- merecedores de lo que les pasa. No asumen en nada una posición de expansión, ni siquiera el lugar que les cabe para afrontar las cosas de manera más constructiva. Entran automáticamente en contrición, se meten para adentro.

El diccionario dice: "*Resignación: aceptación con paciencia y conformidad de una adversidad o de cualquier estado o situación perjudicial.*" Y ejemplifica: "*ya no podemos hacer nada más, solo nos queda la resignación*"

La persona que se resigna se entrega y no puede hallar nada positivo ni constructivo en esa actitud. Se abandona, pierde su poder personal, y, al hacerlo, no construye, sino que retrocede en su vida.

La persona que se resigna asume el papel de víctima. Esto significa que hay otro que es responsable de todo lo que le pasa y le "toca" vivir. De esta forma, deja toda su existencia librada en manos de terceros o del destino.

La pregunta superadora de la aceptación

"¿Para qué a mí?" es la clave del despertar del conocimiento, aprendizajes y nuevas experiencias de las personas que aprenden a aceptar.

Es importante distinguir que aceptar no significa justificar las situaciones.

Aceptar es "aprobar y dar por válido un cauce acerca de algo que sucede, o una decisión a tomar". Desde esta perspectiva, como puedes observar, se activa una posibilidad interesante de encontrar el sentido y propósito de cualquier experiencia por la que atravieses.

El proceso de aceptar es el inicio del cambio y la transformación humana, porque permite que entres en un nivel de entendimiento superior, para que, desde allí, construir una resignificación más conducente a hallar el sentido y de qué forma puedes transformar el desafío en experiencia.

Una clave esencial del aceptar es el entender, no sólo desde un punto de vista mental, sino, más que nada, de apertura interna para ver qué hay allí para ti, para seguir creciendo. Incluso a través del dolor y las experiencias límites.

5 preguntas poderosas para aceptar los retos de tu vida

Esta secuencia de cinco preguntas poderosas puede servirte como una guía para obtener más respuestas sobre cualquier cosa que te desafíe en la vida.

Trabájalas conscientemente; tómate tiempo y permítete sentir, sufrir, experimentar las emociones que se presenten:

- » ¿Para qué me sirve esta experiencia?
- » ¿Qué viene a enseñarme?
- » ¿Qué es lo que aún no puedo ver de esta situación?
- » ¿Cómo puedo contribuir en una forma más positiva?
- » ¿Qué pequeña acción puedo encarar para abrirme a mayor aceptación?

Te invito a que las tengas presentes para encontrar más rápidamente un camino de salida, y, sobre todo, de entendimiento para avanzar.

"La miseria busca compañía" es una frase popular que alude a las personas que buscan juntarse entre ellas para compartir sus debilidades, en lugar de sus fortalezas. Si bien todos tenemos días en los que podemos sentirnos con desánimo, desesperanzados y con temores propios de épocas cambiantes, esta forma de expresión humana es altamente contaminante de nuestras emociones y, peor aún, el entorno en el que nos movemos.

EL DESÁNIMO ES MÁS CONTAGIOSO QUE LA GRIPE

La apatía, incomodidad, umbrales muy bajos de tolerancia y respeto son apenas esbozos de los síntomas que suelen aparecer ante el desánimo.

Lo importante es saber que tener estos sentimientos es normal y forma parte de la condición humana. La búsqueda del equilibrio, plenitud y felicidad se compone de momentos, cuya sucesión presenta desafíos que, si sabemos encauzarlos, podremos atravesarlos apropiadamente. Mientras tanto, aparecen estas manifestaciones.

A diferencia del mal humor, que puede ser un rasgo de personalidad o del carácter, el desánimo es propio de todos los seres humanos: nadie está exento.

Ahora bien: una vez que se descartaron las cuestiones fisiológicas y psicológicas que pudiesen producirlo, es importante considerar que el desánimo permanente es síntoma de que algo no funciona bien en nuestra vida, y se hace imperioso analizar, descubrir y elaborar las causas que lo producen si se hace recurrente.

Si bien hay personas que viven en un continuo desánimo que puede volverse crónico, la gran mayoría cuenta con las herramientas apropiadas para traspasar esa barrera y encauzarse en un mayor equilibrio vital, que le devuelva la neutralidad y una experiencia plena y equilibrada en la vida.

El desánimo se produce por un estado individual o del entorno, donde se le entrega el poder a todo lo negativo que da vueltas por ahí: desde una baldosa floja en una vereda, hasta una persona que dijo algo que resuena mal.

Hay, también, causas objetivas del desánimo: un diagnóstico con mal pronóstico, pérdidas de seres queridos, estafas, problemas laborales severos. Como vemos, la perspectiva no es la misma; aunque, puestos en el momento, todo adquiere la misma dimensión. Y no la tiene.

El desánimo se contagia

Hay varios estudios que comprobaron que esta frecuencia vibratoria de los seres humanos es altamente perjudicial, no sólo para quien la lleva consigo, sino para el entorno. Algunas de sus motivaciones se volcaron, por ejemplo, en una experiencia desarrollada por el doctor Lewadowski, publicado en la revista "American Scientific".

Algunas formas en que se produce este efecto contagio son:

» Las relaciones tienen mayor densidad negativa
» Bajan los umbrales de tolerancia
» Se percibe continuamente una visión negativa de las cosas
» Se ponen de relieve detalles menores con tal de tener excusas para la negatividad
» Se exageran los defectos propios y ajenos
» Las conversaciones se enturbian
» Se radicalizan las posiciones sobre cualquier tema
» Los intercambios amables y cordiales pasan a un segundo plano

- » Aparece la rispidez y la aridez en los vínculos.
- » Desaparece la asertividad: es prácticamente imposible encontrar escenarios superadores
- » La comunicación se transforma en flechas que pueden dañar a las personas
- » Los esquemas mentales y emocionales se complejizan tanto que alteran funciones fisiológicas, como el sueño, problemas gastrointestinales, taquicardia, fatiga extrema y cambio de hábitos alimenticios, entre otros.

Sucede en todos los ámbitos, desde los vínculos familiares hasta el trabajo; en la calle, en lo cotidiano y en los espacios comunes con otras personas.

Desde lo individual, es necesario descubrir que los estallidos de ansiedad, rabia, pesimismo, bronca e intolerancia son momentos: no son permanentes, y, si sabemos canalizarlos convenientemente, pronto nos devolverán el equilibrio vital perdido.

Algunas causas

Para aproximarnos a, apenas, algunos ejemplos, el desánimo suele aparecer cuando...

- » ... no se cumplen las expectativas que se tienen.
- » ... el enfado no funciona como alerta de que algo produce malestar, sino que se transforma en un comportamiento habitual.
- » ... se almacena rencor, culpa y resentimiento sobre cual-

quier situación, sobre todo del pasado, que no se ha elaborado oportunamente.

» ... no se gestiona el diálogo con los demás en forma conveniente y oportuna.

» ... se es poco flexible, y los paradigmas son tan fuertes que 'el mundo' es el que debe adaptarse.

» ... cuando la frustración gana a la oportunidad de transformación.

» ... cuando se niega la realidad, y no se hace nada para cambiarla.

7 pasos para superar el desánimo

1. La actitud afecta a todos. El entorno nos define, por lo que influye mucho en nuestra forma de asumir los problemas del mundo.

2. Evita las personas complicadas: no las invites permanentemente a tu vida; no es necesario.

3. Haz ecología de la negatividad: el cambio "climático" en las relaciones las afecta directamente. Reconvierte climas densos y negativos, y llévalos a lo positivo, o, al menos, a lo neutral: es un excelente catalizador emocional.

4. No intentes cambiar a otros: apenas se puede con uno mismo.

5. Utiliza refuerzos positivos en todo momento, incluso ante tu desánimo: música agradable, palabras constructivas, escribe mensajes alentadores para tus compañeros de trabajo, coloca una planta en tu escritorio. No se trata de "disfrazar" lo que está presente, sino de elaborarlo convenientemente, para que no te afecte más allá de lo que merece la pena.

6. Restringe tu consumo de noticias negativas: te ahorrarás una buena dosis de cosas sobre las que no tienes, de momento, ningún control. Ten por seguro que te vas a enterar de todo lo que sea importante para ti.

7. Piensa antes de hablar: si lo que vas a decir no construye, no es verdadero ni bueno déjalo pasar. Lo mismo funciona cuando te quieran implicar en asuntos que no te competen. Simplemente, agradece, y sigue con lo tuyo.

> El único punto de comparación válido es contigo mismo, y cómo lo que hiciste ayer determina hoy un nuevo punto de crecimiento.

EL ERROR DE VIVIR COMPARÁNDOSE CON LOS DEMÁS

"El acto de compararse es el ladrón del disfrute", dijo Theodore Roosevelt. El error de vivir comparándose con los demás es equivalente a anhelar ser el otro, en vez de apreciar tu propia vida, y mejorarla.

Para muchas personas, la mirada excesiva puesta en los demás para contrastar su realidad, es una constante que desdibuja las posibilidades de construir algo mejor para sí mismo.

Si bien en algunos casos esa mirada puede ser positiva en términos de admirar y emular algún rasgo saliente de los demás que podría ser de inspiración o motivación para crecer, por lo general, te sientes peor.

Cómo dejar de compararte

A simple vista podría parecer envidia, aunque en fondo es un sentido de disminución de la propia valía y estima personal. Cuando consigues dejar de compararte, conquistas una vida de mayor libertad, plenitud y consciencia.

Compara tu línea de tiempo. Se trata de observar la vida que llevas como una línea desde que naces hasta el presente. Identifica los hitos que la marcaron y que interpretas como importantes y reconócete con gratitud por el avance que vas logrando: es fundamental para sentirte mejor.

Profundiza en tus aspectos a mejorar. Resalta aquellos que te han permitido crecer en distintas áreas. Potencia los que aún te faltan, con experiencias conscientes que te traigan más de esos momentos a tu vida actual.

Desvía tu mirada inconsciente hacia otros. Cuando sientas la tentación de compararte, se consciente de esa actitud, y coloca la atención en ti y en los aspectos en los que necesitas mantener el foco para mejorar. En la vida no sirve el molde de los demás para hacer tu experiencia, así como nadie puede hacerlo por ti.

Se consciente del presente. Si bien conectar con tu pasado para observar las experiencias que te trajeron hasta el presente es una herramienta válida, no te detengas sólo en la comparación con aquel que fuiste: necesitas conectar aquí y ahora, para no distraerte de lo que marcará el cambio interno. Las acciones para dejar de compararte con otros se dan aquí y ahora.

En este sentido, si eres de las personas que viven desesperadas por complacer a todos y buscar la aprobación, al punto tal de que te importa más lo que digan de ti, que tu propia libertad, estás en serios problemas.

LOS PRECIOS QUE PAGAS SI VIVES BUSCANDO APROBACIÓN

Millones de personas sucumben ante la necesidad de aprobación. De chicos, nos entregan una copa y nos enseñan a ir llenándola a través de generar vínculos de dependencia emocional con los demás, por más cotidianos que nos parezcan.

Cuando sonríes aunque no tienes ganas; o le dices a tu hijo "dale un beso a la tía" aunque el bebé no tenga ni la más mínima gana, es posible que estés empezando a llenar esa copa de aprobación.

Esta imagen se sustenta en una realidad: todos necesitamos aprobación, porque vivimos en un mundo social de co-creación e interacción.

Sin embargo, hay una enorme diferencia entre necesitar ser queridos, amados, cuidados y considerados, con la búsqueda frenética de aprobación, cueste lo que te cueste.

Precios automáticos que pagas al compararte con otros

La baja autoestima, la referencia totalmente puesta en lo externo y una sensación de poca valía son algunos de los costos que pagas automáticamente cuando pones fuera lo que necesita fortalecerse por dentro.

Si esperas de los demás que "te completen" internamente ese vacío que sientes, llenándolo con sus palabras, gestos y hasta con actitudes negativas que tu consideras valiosas "porque vienen de alguien a quien me enseñaron a tener consideración y respeto", estás perdido.

La búsqueda de aprobación es algo que tú mismo generas a partir de las relaciones, y, sobre todo, por la forma en que te han inculcado que debes vincularte.

En entornos opresivos, donde el deber ser era más fuerte que tu quiero o tu elijo consciente, es posible que hayas desarrollado este comportamiento limitante que, de adulto, seguro podrías estar repitiendo en muchas áreas de la vida.

Una consecuencia fatal es la baja autoimagen que tienes acerca de ti mismo. Es tan baja, que posiblemente sigas apuntalándote lo que te quede de integridad y autoconfianza en esas voces externas de la aprobación de los demás. Y nada de eso sucede, porque lo mejor que puedes hacer es reforzar tu propia voz, y así, en el tiempo, validar tu yo, tu Ser íntegro y esencial.

Cómo detectar si eres un "busca aprobación"

Algunas actitudes frecuentes e inconscientes son:

- » No saber decir que no;
- » Mostrarte muy amable y condescendiente cuando estás en desacuerdo con lo que se dice;
- » Sonreír cuando no tienes ganas;
- » Dejarte manipular por los demás, incluso si sufres;
- » Cambiar tu opinión para evitar un roce o conflicto, aun cuando esto va en contra de tus principios;

- » Posponer tus deseos y anhelos para complacer el de otro;
- » Sentirte triste cuando los demás no aprueban alguna de tus ideas que, para ti, son muy importantes;
- » Depender del aplauso de los demás para sentirte bien.
- » Sentir que serás castigado si no sigues el designio que te marcaron los otros.

4 pasos para dejar de buscar la aprobación de los demás

El primer paso es aceptar que no estás hecho para agradarle a todo el mundo. Mal que te pese, el mundo cambia y se transforma, como lo hacen incluso aquellos a los que has entregado tu poder interno. Una cosa es buscar puntos de contacto y acuerdos saludables, y otra, muy diferente, es quedarte amarrado a tu sufrimiento sólo por complacer a los demás. Empieza de a poco a soltar esta tendencia que te limita. Observa qué pasa internamente si dices que "no" más frecuentemente. Aprende a dominar tus emociones cuando los demás no están de acuerdo contigo.

Si eres un ser libre, **el segundo paso es saber que tú vales tanto como las demás personas**. No se trata de ser soberbio ni arrogante, sino de ejercer tu principio fundamental como ser humano. Prueba, por ejemplo, tomar tus propias decisiones, más allá de las voces que has escuchado hasta ahora. Al principio puede que sea incómodo; la práctica te dará la destreza suficiente.

Como **tercer escalón, necesitarás revisar toda tu historia de vida**. Es importante conocer internamente cuándo, cómo y por qué empezaste a escuchar más las voces de afuera, que tu propia voz interna. Sería lógico que hasta los 5 o 6 años lo hicieras, puesto que aprendemos del ejemplo de quienes nos criaron. Aunque, luego de empezar a socializar con otros, por ejemplo, en la escuela, ya empezamos a desarrollar nuestro Yo individual, que incluye la autoconfianza y autodeterminación. Puedes buscar ayuda profesional para sanar esta parte interna, si es que presientes que está dañada; y, a la vez, experimentar una reconciliación interna con aquel momento donde creíste que hacías lo correcto. Hoy tal vez concluyas que ya no lo necesitas, y estás eligiendo cambiar esa dependencia de la opinión de los demás acerca de ti.

El cuarto paso te invita a considerar esto: **el entender a los demás no significa que debas justificar todo lo que dicen o hacen los otros.** Una consecuencia de buscar la aprobación es que justificas todo lo de los demás, lo haces verdad para ti. A lo sumo, eso podría ver verdad para ellos. Puedes entender, sin que esto signifique que debas justificar aquello con lo que no estás de acuerdo. Como recurso, te sugiero que experimentes desapegarte al resultado, y expresar frecuentemente tus ideas, apoderándote de la comunicación. Utiliza frases como “Entiendo lo que comentas, aunque, desde mi perspectiva personal…”, “Puedo intentar acercarme a lo que dices; sin embargo, en esta ocasión, no estoy de acuerdo contigo en el punto que…”.

El resultado a corto plazo será una vida más plena, equilibrada y con la libertad que, posiblemente, nunca experimentaste.

Otro factor de riesgo personal, además de la comparación con terceros y la búsqueda de aprobación de los demás, es la sobre adaptación a las situaciones. En términos del desarrollo humano llamo "sobreadaptación" a un mecanismo de defensa mediante el cual se manifiesta el miedo al rechazo. Es un comportamiento pasivo, que deja a la persona desprotegida y casi sin capacidad de reacción frente a agravios o entornos que duelen y lastiman su estructura psicológica.

EL PELIGRO DE VIVIR SOBREADAPTÁNDOSE A LAS SITUACIONES

Las personas que empiezan en un nuevo trabajo en entornos completamente desconocidos hasta entonces, la mudanza a una nueva ciudad o país, el ingreso a un flamante espacio de estudio, una relación interpersonal donde se establece cierto juego de poder-sometimiento (como en las parejas disfuncionales), o la competencia laboral, deportiva o en cualquier otro ámbito de la vida, pueden despertar este comportamiento interno que, si no es bien conducido, generalmente provocar daños en la estructura vital.

La sobreadaptación implica un esfuerzo extraordinario por agradar a los demás y granjearse la simpatía del nuevo entorno con el fin de ser aceptado y de calzar mejor a la vista de los otros. Como ejemplo, es lo que sucede cuando una persona vuelve rápidamente de vivir en otro país y refiere que "no se adaptó"; o que un vínculo laboral flamante y prometedor "no es lo que esperaba, y lo estresaba en extremo".

Parte de una situación de rechazo inicial, muchas veces de cierto hostigamiento de menor a mayor sostenido en el tiempo, donde esta aspereza no puede ser convenientemente conducida por la persona, y la frustra de tal forma que pasa para el otro lado: se vuelve condescendiente, queriendo mejorar un vínculo que -por distintos motivos- surgió como disfuncional. Por dentro, está herida, frustrada, decepcionada y se violenta con los que define como agresores -aunque no pueda expresarlo-, y se pone hostil con quienes la apoyan y quieren bien.

Algunas características

Las personas que se sobreadaptan, por lo general:

- » Hacen un esfuerzo extraordinario constante en jugar con las reglas del otro: no puede compartir su propia modalidad.
- » Se siente segregada si no adhiere a esa forma de proceder.
- » Busca un ideal de perfección de lo que, supone, "se espera de mí".
- » Cumple con una lista interminable de exigencias, por más que no tengan sentido para sí.
- » Piensa que de esta forma va a ser premiado o aceptado.

» Ve todo en términos de castigo si no se adapta completamente al entorno hostil.

Consecuencias directas del sobreadaptarse

Las consecuencias y el precio que se paga son muy altos, debido a que se establece un patrón por el cual la persona siente cierto temor y desconcierto ante la reacción de los demás, mientras busca cómo acomodarse a ese entorno desconocido y que se presenta hostil.

Es frecuente que se caiga en el desánimo; que irrumpan pensamientos fantasmáticos -relacionados con fantasías negativas extremas-, e, incluso, que deba acudir a una consulta con un profesional de la salud por trastornos psicosomáticos.

En caso de sostener la sobre adaptación a lo largo del tiempo, los invade la tristeza, la desazón y la sensación de fracaso por no poder encauzar apropiadamente su accionar respecto a las expectativas internas, frente al rechazo o rispidez que lo rodea.

En algunos extremos, se suele caer en la depresión por desgaste, que es la que surge por sostener algo que va en contra de la integridad y lo que desea la propia persona, ya que no tiene la habilidad de relativizar o afrontar las situaciones con entereza, por haberse dañado su estructura de respuesta.

Recursos prácticos

Para evitar sobre adaptarse a las situaciones, las personas necesitan trabajar en varios frentes internos, que provocarán un refuerzo positivo de su entereza:

- Es necesario analizar los condicionamientos internos que producen la sobre adaptación.
- Trabajar en poder expresar de a poco los deseos, valores, necesidades y formas de relacionamiento que anhela.
- Diseñar salidas estratégicas a esos problemas recurrentes que implicaban sobre adaptación.
- Aprender a rodearse de algunas personas de confianza que puedan apoyarla, casi como un bastón, para guiarla paso a paso en la recuperación.
- Tomar consciencia del valor de respetar su ser auténtico, no dejándose confundir por lo duro y erosionante que pueda presentarse el entorno.
- Aprovechar la experiencia de tránsito que lo mueve profundamente para sentar las bases de un escalón de aprendizaje donde se hará más sabio y entero.
- Buscar complementar su instancia de vida con actividades que le produzcan gratificaciones instantáneas en el centro de recompensa del cerebro. Esto funcionará como un equilibrante de su desajuste emocional, que es deseable que se aborde para que sea sólo una cuestión temporal.
- Es factible que haciendo esto en una constante de meses -y a veces, años-, aprenda a no "aguantar" sino a "convivir"

con las situaciones distintas a lo que esperaba, sin que esto melle su voluntad.

10 PREGUNTAS ESENCIALES PARA TENER MÁS ÉXITO EN LA VIDA

Para muchas personas, el tema de enfocarse en el éxito que aspiran tener es un desafío.

Por un lado, aparece la incertidumbre sobre el resultado cierto que pueden alcanzar; y por otro, la desazón y hasta el abandono luego del impulso inicial al encarar el camino hacia el éxito.

Independientemente del área en el que quieras hacer foco, es indispensable trabajar sobre estos dos aspectos, ya que son pilares estratégicos en tu plan.

La incertidumbre siempre estará, incluso si ya tienes éxito -porque jamás sabes hasta cuándo va a durar de acuerdo con la medida que te has impuesto-. La persistencia es la constante fundamental para proyectarte.

Desde esta perspectiva, quiero compartir una decena de preguntas poderosas, como se llaman en la metodología del coaching, para que puedas ir profundo en ti y, de antemano, saber con mayor precisión si estás preparado para iniciar tu camino hacia el éxito.

> "El genio se hace con un 1% de talento,
> y un 99% de trabajo."
> (Albert Einstein)
>
> ¿Estás parado en el 99% que hace falta?

Metodología para enfocarte en tu éxito

Para lograr el máximo resultado de este ejercicio es necesario que te lo tomes en serio. Abre un nuevo cuaderno de notas destinado sólo a esto. Puedes hacerlo en tu computador, si es que sólo tu accederás a él. La energía que le pongas a las respuestas es tuya, y si otras personas se ponen curiosas, se dispersa.

Además, necesitarás el máximo enfoque en la tarea, para llegar a la profundidad de tus respuestas.

La invitación es a que no hagas muy mental este proceso: deja que las respuestas aparezcan espontáneamente; la primera que se viene a tu cabeza por lo general es un muy buen punto de partida.

Observarás que las respuestas pueden tener varias capas. La recomendación es que vayas bien profundo, como pelando una cebolla, hasta llegar a la raíz de las cosas.

Tómate tiempo para responder, y, una vez que tienes una secuencia completa, pasas a la siguiente.

A muchas personas les apoyará tener una hoja en blanco al lado para anotar allí una tormenta de ideas que se pueden disparar a partir de esta ejercitación.

Recuerda que el mismo porcentaje de atención e intención

que le pones, es lo que te llevas como resultado. Todo depende exclusivamente de ti.

Las 10 preguntas

- ¿Estoy absolutamente claro respecto al objetivo de éxito que quiero y elijo?
- ¿Tengo total disposición a trabajar mucho más arduamente que hasta ahora, sin descanso, para alcanzar eso que anhelo?
- ¿Qué tan comprometido estoy con mi meta de éxito?
- ¿Tengo un 100% de convencimiento y determinación de que estoy haciendo todo lo mejor que sé para alcanzarla?
- ¿Soy plenamente consciente que deberé dedicarle energía, tiempo y recursos extraordinarios desde hoy mismo, sin garantía de resultado?
- ¿Quién será esa gran persona de apoyo moral para acompañarme en el proceso?
- ¿De qué forma puedo alentarme a seguir adelante?
- ¿Cuáles son mis pensamientos negativos más frecuentes que pueden interferir en el éxito?
- ¿Cuáles son mis pensamientos positivos más frecuentes que me apoyarán a lograrlo?
- ¿De qué forma concreta sabré que estoy alcanzando un resultado exitoso?

Podrás evaluar cómo funciona esta herramienta para ti sólo al concluir el ejercicio completo. Ajusta lo que creas conveniente, reemplaza módulos por los que hagan más sentido para ti, y, definitivamente, pon tu 99% de esfuerzo y trabajo desde ahora mismo.

> "La mente intuitiva es un regalo sagrado y la mente racional es un fiel sirviente. Hemos creado una sociedad que rinde honores al sirviente y ha olvidado al regalo"
>
> ALBERT EINSTEIN

CÓMO DESARROLLAR LA INTUICIÓN

Desde tiempos inmemoriales, las corazonadas o "sentir las tripas" son sinónimo de lo que aquí llamamos intuición. Se trata de esta poderosa guía que tenemos los seres humanos, mediante la que, más allá de las evidencias, la información tangible que dispongamos y las referencias que hayamos reunido, aparece con agudeza un sexto sentido, que nos permite completar el panorama sobre lo que queremos dilucidar.

Cotidianamente aplicamos la intuición para tomar decisiones sencillas; es un proceso casi automático que abarca todas las áreas de la vida: tener un pálpito, observar un fragmento de un problema y sentir profundamente una vía de solución, e incluso tomar contacto con personas que aparecen "casualmente"

-como se dice muchas veces- y resultan aquellos que nos abren la siguiente puerta de evolución y transformación.

Otras veces, este sentido oculto que todos tenemos nos permite estar precavidos y tomar recaudos frente a personas con las que "no tenemos piel"; es algo impreciso, aunque contundente. Posiblemente muchos tengan la experiencia de haber avanzado en un determinado vínculo -por ejemplo de negocios- y, al final de esa historia, concluimos en que hubo algo desde el principio que no cerraba. Eso es intuición en estado puro.

¿Por qué a veces le prestamos atención, y otras, no? Porque los seres humanos necesitan prioritariamente confirmar racionalmente las elecciones que hacemos, y no simplemente dejarse llevar por los pálpitos o percepciones, por lo imprecisas que muchas veces son, ya que no siempre podemos identificar con claridad de dónde provienen. Hay un "no sé qué" de por medio.

La intuición está en el hemisferio derecho del cerebro, el mismo que predomina en la creatividad, la innovación, las emociones, el amor. En el izquierdo se procesa todo lo racional. De una buena combinación de ambos obtenemos el resultado vital que necesitamos, si sabemos tender puentes entre uno y otro.

Guía para ser más intuitivos

Aquí encontrarás una breve guía para potenciar tu intuición, y que puedas tener un mejor olfato para acompañarte como guía en distintos aspectos de la vida:

La confianza es uno de los principios básicos. Puede ser complejo desarrollar tu intuición si partes por negar su importancia y la relativizas. Permítete sentir y tener percepciones claras desde ese sexto sentido humano que se complementa con lo racional. Esto te permitirá tener en cuenta esos instantes de lucidez más allá de lo sensorial y tangible, con valiosa información para considerar.

Practica tu intuición diariamente. Como es una habilidad que se entrena, tomar decisiones guiadas puramente por esta condición inconsciente te permitirá adquirir mayor destreza. Por ejemplo, si estás en medio de un atascamiento de tráfico, invoca tu intuición para discernir acerca de qué camino tomar. Esto no significa que lo lograrás a la primera: es necesario repetir una y otra vez hasta obtener cierto dominio interno.

Los paradigmas limitan la intuición. Un paradigma es aquella creencia a la que se le entrega tanto poder, que es posible que siempre se vea el mundo y las situaciones desde ese cristal. Como estamos en un mundo que se transforma permanentemente, es necesario flexibilizar las creencias limitantes, y así, derribar los paradigmas que ya no son útiles en tu desarrollo. Por otro lado, los paradigmas suelen estar muy cerca de los prejuicios (un juicio previo a casi todas las cosas, basado en aquello a lo que le diste total entidad y poder). Entonces aprenderás también a dejar de lado prejuicios, y podrás afrontar una mayor amplitud de criterios en la vida.

Confía en tu intuición, y también chequea la información. Es frecuente que conozcamos personas con las que no nos sentimos totalmente a gusto, y, de inmediato, aparecen excusas como para dar de baja esa relación. Lo importante es tomar la medida de tiempo apropiada para conocerse, escuchar mucho más que hablar, y luego, sacar conclusiones.

Meditar y tener espacios de relax mental contribuyen con tu intuición. Hay miles de técnicas para hacerlo. Lo importante es que te dediques un tiempo diario a estar con la mente lo más quieta y en blanco que sea posible, y esto sólo se consigue con la práctica. Luego, una vez dominado el periodo de adaptación, puedes tener consciente un asunto que necesitas aclarar, y lo pones dentro de ese tiempo de meditación. Con la continuidad, observarás cómo fluyen las respuestas casi espontáneamente.

Intuición activa durante los sueños. El tiempo de descanso es un excelente activador de esta cualidad humana. A propósito, los animales también tienen intuición, aunque desde una perspectiva pura de supervivencia. En los sueños se libera el inconsciente. Por eso muchos relatos de lo que sueñas no tienen demasiado sentido literal; sin embargo, sí poseen una gran carga emocional. Hay una técnica muy interesante llamada "sueño lúcido": es aquel donde, en cierta forma, te observas como pudiendo manejarlo a tu antojo, mientras estás soñando. Es decir, no estás a merced de los acontecimientos, sino que eres quien articula y dirige la acción. ¿Cómo aplicar esto para mejorar la intuición? Justo antes de dormirte, piensa sobre las cosas que quedaron sin respuesta durante el día. Si tomas un vaso de agua justo antes de dormir se dice que estarás estimulando aún más este recurso. Esto activará tu proceso cerebral inconsciente durante el sueño, y logrará asociaciones asertivas con las respuestas que deseas obtener. Es posible que se manifiesten en forma creativa, o como metáforas, que podrás interpretar. Por favor, ten siempre algo para anotar al lado de la cama: es muy probable que no lo recuerdes cuando despiertes por completo. Deja fluir las situaciones, no intervengas; y ni bien estés un poco lúcido anota las palabras que surjan, y cotéjalas luego con la inquietud que traías del día anterior. El inconsciente conspirará a favor de tu intuición en la mayoría de los casos.

Mente relajada. En cualquier momento del día, interrumpe conscientemente el proceso en el que estás, y conéctate con algo completamente distinto. Por ejemplo, dibuja sin sentido durante cinco minutos; escribe dos hojas con palabras sueltas (escritura libre, sin sentido literal); o rastrilla en un sencillo jardín Zen (un cubo con arena, unas piedras para marcar formas a recorrer, y un pequeño rastrillo o un peine). Coloca música suave. Cierra los ojos y respira 10 veces. Ejercita esto al menos dos veces al día. También te ayudará a relajarte y bajar el estrés.

Las señales del cuerpo. Nuestro cuerpo físico habla. En cualquier circunstancia puedes volver la atención a cómo te sientes; en qué zona hay tensión; un gesto que irrumpió en medio de una charla; un movimiento ocular de la persona que estás entrevistando. Las corazonadas se manifiestan muy claramente: préstales atención, son muy sabias. Internamente resuena un lenguaje no hablado, emocional y sutil, que, convenientemente encauzado, trae muchas respuestas a lo que nos inquieta. Sólo hay que entrenarse en saber escuchar y decodificar.

Espacios de juego. En cualquier momento conviértete en observador del entorno. Puedes mirar los rostros e imaginar qué están pensando; o por la postura corporal intentar entender cómo se siente una persona. También los juegos de ingenio que permiten la toma de decisiones rápidas y casi sin pensar, son muy apropiados para desarrollar la intuición.

Programa descansos de la mente. Ver y practicar arte, caminar en la naturaleza, sumergirte en el agua, bostezar, hacer círculos con los brazos estirados durante algunos minutos, recibir abrazos, son instancias decisivas en salir de la máquina del hemisferio izquierdo, para conectarnos con el derecho, y dedicarnos a sentir, sin otra ocupación ni preocupación.

Siguiendo estos pasos, progresivamente podrás conectarte más con tu intuición, corazonadas, pálpitos o como quieras llamarlo. Es una excelente herramienta que todos tienen disponible, aunque pocas veces se utiliza en todo su potencial.

EPÍLOGO

Aunque no lo creas, llegar al final del libro abre en ti una nueva etapa: la del reto contigo mismo.

Ahora, tienes una cita que afrontar, un tiempo que asumir y mucho trabajo por hacer. El desafío es poner en práctica todo lo aprendido, animarte a viajar por tu interior para amarte y vivir mejor. Como dijo San Agustín "¿Cómo se ama, si aún no se conoce, y nadie puede amar lo ignorado?". Ya conoces lo que es mejor para tu vida, solo hazlo.

Es tu turno. Desafíate y ve en busca de aquella realidad que deseas, no pongas más excusas, muévete, te toca a ti. No te quedes así, en este presente en el que le temes al cambio, deja de creer que eres victima; tú eres protagonista. Muévete y brilla, es tu vida.

¿Cuáles son las posibilidades de ser tu mejor versión y de sentirte pleno todos los días? Sólo tú lo podrás determinar, pues ¿sabés qué? depende de ti, de tu esfuerzo y de tu voluntad. Y esto, aunque pienses lo contrario, es lo mejor que puede pasarte: las cosas pasarán o no, conforme a lo que tú decidas.

Llegó el momento de sacar a relucir tu máximo potencial, y hacer que todo ocurra. Estás páginas te brindaron las herramientas que necesitas. Tú eliges.

Daniel Colombo

www.danielcolombo.com

Daniel Colombo es Máster Coach experto en CEO, alta gerencia y profesionales; comunicador profesional; Mentor de ejecutivos y empresarios; Speaker internacional; y facilitador de procesos de cambio. Media-coach de políticos y ejecutivos; experto en Oratoria moderna. Autor de 29 libros, entre ellos "Sea su propio jefe de prensa" "Historias que hacen bien", "Preparados, listos, out" (co-autor, sobre el Síndrome del Burnout); "Abrir caminos", la colección de 6 libros y DVD "Comunicación y Ventas" con Clarín de Argentina, "Innovación Emocional" (su modelo sobre las nuevas leyes para motivar personas), "Oratoria para todos", "O elefante nao sabe" (todos en papel y digital en Amazon), "Éxito Emprendedor" (Indie), "Cómo estar más motivado cada día" (e-book) y de la serie "Coaching Vital" compuesta por tres títulos: "El mundo es su público", "Oratoria sin miedo" y "Quiero vender" (Hojas del Sur). Se desempeña habitualmente en 18 países, habiendo brindado más de 600 conferencias, workshops, seminarios y experiencias vivenciales, llegando al millón de personas entrenadas. En todas sus redes sociales tiene un millón de seguidores.

Conduce y guía equipos de alto rendimiento en empresas nacionales y multinacionales dentro y fuera de su país. Ha asesorado y trabajado junto a más de 2500 empresas, y dirigido su compañía de relaciones públicas durante 20 años. Escribe regularmente en más de 20 medios de diversos países.

Web: www.danielcolombo.com

https://www.linkedin.com/in/danielcolombo/

Twitter @danielcolombopr

www.Facebook.com/DanielColomboComunidad/

Instagram: Daniel.colombo

YouTube: www.youtube.com/DanielColomboComunidad

Libro editado por

Editorial Autores de Argentina

Printed in Great Britain
by Amazon

62658721R00213